Wut!

Mit einem starken Gefühl leicht zum Erfolg

Britta Reichard

C.H.BECK

So nutzen Sie dieses Buch

Die folgenden Elemente erleichtern Ihnen die Orientierung im Buch:

Beispiele und Übungen
In diesem Buch finden Sie zahlreiche Beispiele.

Definitionen
Hier werden Begriffe erläutert.

! Die Merkkästen enthalten die zentralen Informationen.

Auf den Punkt gebracht
Hier finden Sie prägnante Zusammenfassungen.

Inhalt

Vorwort

Wut ist ein „heißes Eisen", das gerne ausgeblendet und unter den Tisch gekehrt wird. Meist wird Wut als destruktiv und gefährlich definiert, soll vermieden oder unterdrückt werden – am besten gar nicht vorhanden sein. Doch offenbar gelingt das nicht ohne weiteres.

Wie wäre es, wenn Wut stattdessen als eine hilfreiche Energie betrachtet würde, die wertvoll ist und unterstützt? Wenn Sie „nur" lernen müssten, damit umzugehen, mit Ihrer eigenen Wut – und mit der Wut der anderen? In diesem Buch soll ein konkreter Einblick vermittelt werden, was mit Wut machbar ist und wie sie gewinnbringend eingesetzt werden kann.

- **Wut als neutrale Energie:** Um Wut konstruktiv nutzen zu können, ist es notwendig, negative Assoziationen dazu loszulassen und eine neue Sichtweise zu entwickeln.
- **Wut richtig verwenden:** Wir beschäftigen uns damit, wie wir eine genauere Wahrnehmung dieser Energie entwickeln können.
- **Mut zur Wut:** Erfahren Sie, wofür Ihre Wutenergie nutzbringend einsetzbar ist.
- **Erfolg mit Wut:** Wir beleuchten die Frage, was nutzbare Wut von nicht nutzbarer Wut unterscheidet.
- **Führungskräfte (ge-)brauchen Wut:** Ein konstruktiver Einsatz von Wutenergie hilft Ihnen dabei, Ihre Führungsqualitäten auszubauen.

In diesem Buch werden verschiedene Modelle aufgegriffen, die im Umgang mit Wutenergie neue Perspektiven anbieten.

Prüfen und finden Sie heraus, was für Sie funktioniert.

Viel Vergnügen beim Forschen und Entdecken zum Thema „Wut"!

Wut als neutrale Energie

Menschen neigen zu einer dualen Betrachtungsweise. Normalerweise bewerten wir Dinge und Geschehen automatisch als „gut" oder „schlecht".

So werden auch Gefühle gerne in diese Kategorien eingeteilt. Aber ist Wut nun gut oder schlecht? Um das Gefühl näher betrachten zu können, ist es notwendig diese Frage zurückzustellen und bewusst darauf zu verzichten, Wut als ein gutes oder schlechtes Gefühl zu bewerten. Eine genaue Untersuchung von Wut ist nur dann möglich, wenn sie als neutrale Energie betrachtet wird. Auf diese Weise wird Wut greifbar, analysierbar und nutzbar.

Verdeutlichen kann man dies mit einem Vergleich:

Gefühle sind wie Flüssigkeiten. Wenn ein Kanister eine unbekannte Flüssigkeit enthält, ist es schwer möglich, diese sinnvoll einzusetzen. Vor einer Verwendung ist es notwendig oder zumindest ratsam, herauszufinden, worum es sich bei dem Inhalt des Gefäßes handelt. Die bedenkenlose Nutzung dieser unbekannten Flüssigkeit könnte zu unangenehmen Überraschungen führen. Ist die Flüssigkeit zum Beispiel Benzin, wäre sie als Getränk nicht zuträglich. Ebenso wenig sollte man Blumen damit gießen. Selbst im Tank eines Diesel-Fahrzeuges wäre Benzin nicht hilfreich. Wird der Treibstoff jedoch in den Tank eines Vehikels eingefüllt, dessen Motor mit Benzin angetrieben wird, kann die Energie des Benzins genutzt und damit eine rasche Fortbewegung und eine schöne Reise ermöglicht werden.

Ähnlich verhält es sich bei Gefühlen wie Wut. Ist nicht klar, dass es sich bei einer Energie um Wut handelt, ist das Gefühl nicht nutzbar. Zwei Unterscheidungen sind hier hilfreich, um das Gefühl nutzen zu können:

1. Um welche Energie handelt es sich? Wut ist beispielsweise mitunter schwer von Angst zu unterscheiden. Hier gilt es, zwischen unterschiedlichen Gefühlen zu differenzieren.
2. Wofür kann Wut konstruktiv genutzt werden?

Beide Fragen werden in den folgenden Kapiteln behandelt.

Ist Wut nun eine gute oder eine schlechte Energie?

Das hängt davon ab, wofür Wut verwendet wird: Wir können Porzellan zerschlagen und laut schreien, sie gegen uns selbst oder andere richten – oder auch lernen, wie wir diese Energie konstruktiv einsetzen, mit Hilfe dieses Buches und Ihrem Engagement. Entdecken Sie, wofür Sie Ihre Wutenergie positiv verwenden können und welche Veränderungen Sie dadurch in Gang setzen können.

In der westlichen Kultur ist es meist üblich zu handeln, als wären überhaupt keine ungewollten Gefühlsregungen vorhanden. Sie selbst können diese Regungen jedoch bewusst wahrnehmen und nutzen. Eine wichtige Differenzierung ist, dass Wut selbst „nur" die Energie ist, die verwendet werden kann.

> **!** Wut ist eine *neutrale Energie*. Die Entscheidung liegt bei uns, ob und wie wir sie nutzen.

Was ist Wut?

Warum ist Wut ein interessantes Thema und wird gleichzeitig oft abgelehnt und als gefährlich betrachtet? In diesem Kapitel geht es darum, Wut näher zu untersuchen und diesen Widerspruch aufzulösen. Um mit der neutralen Energie Wut aktiv und elegant umzugehen, ist es wichtig, erst einmal zu verstehen, worum es sich dabei überhaupt handelt.

Der Duden beschreibt Wut als „heftiger, unbeherrschter, durch Ärger oder ähnliches hervorgerufener Gefühlsausbruch, der sich in Miene, Wort und Tat zeigt. Beispiele: aufgestaute, dumpfe, sinnlose Wut. Jemanden erfasst jähe Wut. Wilde Wut stieg in ihr auf, erfüllt sie. Die Wut des Volkes richtete sich gegen den Diktator. Wut auf jemanden haben. …".

Demzufolge wird Wut vorwiegend als negatives Gefühl betrachtet, als unkontrollierbar und aggressiv. Verständlich, denn Wutausbrüche werden meist nicht als angenehm erlebt.

Wenn in nächster Umgebung eine Person einen Wutausbruch hat, wird deutlich, dass eine Menge Energie freigesetzt wird. Eine Energie, die meist lieber vermieden, gelegentlich aber auch bewusst oder unbewusst ausgelebt wird. Wut in geringeren Mengen ist hingegen kaum wahrnehmbar. Oft ist man sich der eigenen Wut gar nicht oder erst im Nachhinein bewusst. Die folgende Übung dient dazu, die eigene Wahrnehmung von Wut genauer anzusehen.

Übung

Versetzen Sie sich in eine Situation, in der Sie selbst oder jemand anderes einen Wutausbruch bekommen haben. Wie fühlt es sich an, wenn Sie sich so richtig über etwas ärgern? Wie geht es Ihnen, wenn neben Ihnen jemand die Beherrschung verliert?

Teil 1 – Innere Wirkung von Wut:

Möglicherweise finden Sie spontan keinen Zugang zu einem Wutausbruch. Hilfreich kann es an dieser Stelle sein, einfach Theater zu spielen. Mimen Sie den Wüterich aus einer Oper oder die erzürnte Gärtnerin, deren Blumen zum wiederholten Mal von der Ziege des Nachbarn verspeist werden. Werden Sie zum Rumpelstilzchen.

- *Nutzen Sie Ihre Stimme. Ein Wutausbruch ist selten tonlos. Auch wenn es auf den ersten Blick befremdlich wirken mag, ist dies ein hilfreiches Vorgehen. Es basiert auf dem Prinzip von „Tun Sie so als ob, bis Sie es tatsächlich können“* („Fake it till you make it“). *Indem Sie sich auf diese Weise in die Situation hineinversetzen, können Sie zumindest ansatzweise körperlich spüren, wie sich Wut anfühlt. Das ist eine wichtige Voraussetzung, um den bewussten Umgang mit Wut zu erlernen.*

Teil 2 – Äußere Wirkung von Wut:

Lassen Sie die Szene von Teil 1 der Übung vor Ihrem inneren Auge nochmals ablaufen. Seien Sie nun der Beobachter von außen. Möglicherweise ist es hilfreich, wenn Sie sich selbst bei dem Wutausbruch filmen.

Alternativ erinnern Sie sich an den Wutausbruch eines anderen Menschen, den Sie miterlebt haben. Sie müssen nicht betroffen gewesen sein. Es genügt, wenn Sie sich an die Situation erinnern.

Welche Wirkung haben die beiden Positionen – einmal als Betroffener, einmal als Beobachter – auf Sie? Welche der nachfolgenden Spalten trifft eher auf Sie zu?

Wut nutzen	Wut vermeiden
Werde rasch wütend	Werde sehr selten/nie wütend
Bleibe bei meinem Standpunkt	Gebe rasch nach
Bekomme gelegentlich einen Wutausbruch	Bin nicht aus der Ruhe zu bringen
Bin bereit zu Streitgesprächen und Konfrontationen	Gehe Streitgesprächen und Konfrontationen aus dem Weg
Sage laut und deutlich meine Meinung	Behalte meine Meinung eher für mich, hebe selten die Stimme

Setzen Sie Ihre Wut ein oder gehen Sie ihr eher aus dem Weg? Wie fühlen Sie sich, wenn Menschen Wut einsetzen? Was denken Sie von Menschen, die der Wut aus dem Weg gehen?

Es geht hier nicht um eine Bewertung. Die Tabelle gibt lediglich einen ersten Anhaltspunkt, zu welchem Verhalten wir mehr neigen oder ob eine Mischung aus beidem zutrifft. Buchabschnitt „Mut zur Wut" beschreibt weitere Schritte für den bewussteren Umgang mit Wut, Seite 44.

Sichtweise verändern

Viele Menschen in der westlichen Kultur haben nicht oder nur unzureichend gelernt, mit ihrer Wut umzugehen. Eine negative Einstellung zu diesem Gefühl ist weit verbreitet. Die folgende Übung dient dazu, genauer zu erkennen, welche Blickwinkel zu der Annahme führen, dass Wut etwas Negatives ist.

> *Übung*
>
> *Nehmen Sie sich zehn Minuten Zeit und etwas zu schreiben. Lassen Sie die vergangene Woche Revue passieren und notieren Sie, welche negativen Beispiele und Aspekte Ihnen zum Thema Wut aufgefallen sind. Erstellen Sie eine Liste darüber, was alles dagegenspricht, Wut zu haben und sie zu zeigen.*
>
> *Beenden Sie die Übung, bevor Sie die nachfolgende Liste möglicher Antworten und Beispiele betrachten. Wahrscheinlich finden Sie für sich darüber hinaus wertvolle weitere und ergänzende Punkte.*

Wut – Alte Sichtweise

Annahme: Es ist nicht gut, wütend zu sein, weil Wut…

- … gefährlich sein kann, zerstörerisch ist, rasch außer Kontrolle gerät.
- … den Ruf schädigt, unprofessionell ist, laut und/oder unreif ist, unkultiviert wirkt.
- … bedrohlich ist, in Angst versetzt, Panik verursachen kann.
- … Machtmissbrauch darstellt, tyrannisiert.

All das spricht dagegen, mit Wut umzugehen und führt dazu, diesem Gefühl möglichst aus dem Weg zu gehen oder es zu ignorieren. Scheint Ihnen diese Sichtweise vertraut?

Versuchen Sie es nun doch einmal umgekehrt. Was könnte dafür sprechen, Wut als etwas Positives zu betrachten und aktiv damit umzugehen?

> *Übung*
> *Nehmen Sie sich erneut zehn Minuten Zeit sowie etwas zu schreiben zur Hand. Überlegen Sie, wo Wut für Sie hilfreich war oder wo Sie beobachten konnten, dass Wut positiv eingesetzt wurde. Notieren Sie sich, wofür Wut wertvoll ist oder sein könnte.*
>
> *Nutzen Sie die Möglichkeit, erst Ihre eigenen Eindrücke zu sammeln, bevor Sie die Liste lesen, die unten zusammengestellt wurde. Möglicherweise finden Sie auch hier weitere, für Sie persönlich wertvolle oder ergänzende Blickwinkel.*

Wut – Neue Sichtweise

Annahme: Wut ist wertvoll, denn Wut ermöglicht ...

- ... „Ja!" zu sagen, „Nein!" zu sagen, Entscheidungen zu treffen.
- ... Grenzen zu setzen, sich abzugrenzen, andere zu beschützen, sich selbst zu schützen.
- ... Klarheit zu schaffen.

- ... etwas zu beginnen, etwas zu beenden, etwas zu verändern.
- ... Ordnung zu schaffen und aufzuräumen.
- ... Disziplin zu halten und konsequent zu sein.

Einige der Punkte auf der Liste werden Sie womöglich überraschen, da sie nicht offensichtlich mit dem Gefühl der Wut in Verbindung stehen. Das hat mit der Intensität der Wutenergie zu tun. Bei dem Begriff „Wut" wird klischeehaft oft an sehr viel Energie oder gleich an einen Wutausbruch gedacht. Dabei gibt es viele feine Abstufungen davon. Die weniger intensiven spüren wir nicht oder interpretieren wir meist gar nicht als Wut. Näheres dazu finden Sie auf Seite 23.

> ***Herr Müllers Besprechungsstuhl***
> *Zum vierten Mal in diesem Monat kommt die Kollegin zu Herrn Müller ins Büro, schnappt sich den Besprechungsstuhl mit den Worten „Ich darf mir den doch kurz mal ausleihen ..." und will rasch mit dem Sitzmöbel das Zimmer verlassen. Bisher war Herr Müller jedes Mal am Tag nach dem Ausleihen längere Zeit im Haus unterwegs auf der Suche nach seinem Stuhl. Dieses Mal geht ihm „der Hut hoch": Er antwortet mit einem nachdrücklichen und lauten „Nein!". Die Kollegin lässt den Stuhl verdutzt los und fragt sich, was wohl in ihren sonst so nachgiebigen Kollegen gefahren sein mag.*

Wenn man erkennt, dass Wut auch eine positive Seite haben kann, wird sie zu einer nutzbaren Energie. Im Beispiel oben setzt Herr Müller eine klare Grenze, statt wie bisher den Besprechungsstuhl entführen zu lassen. Lassen Sie uns auf den folgenden Seiten erforschen, was notwendig ist, um Wut gezielt und konstruktiv einzusetzen.

Die Illusion der Kontrolle

Wut wird normalerweise als eine Ausnahme von der Regel betrachtet. Ein Ausbruch, der nur selten oder bei manchen Menschen auch überhaupt nicht vorkommt. Die vielen kleineren Abstufungen von Wut werden, wie bereits erwähnt, oft entweder gar nicht bemerkt oder nicht als Wut interpretiert. Wir nehmen Wut – bei uns selbst und bei anderen – also häufig erst dann wahr, wenn sie bereits beträchtlich groß ist und wir nur noch schwer damit umgehen können. Man ist „außer sich". Mitunter fühlt man sich unfähig, noch klare Entscheidungen zu treffen oder bewusst zu handeln.

Wenn wir unsere Wut nicht wahrnehmen, bedeutet dies jedoch nicht, dass sie nicht da ist. Ähnlich wie der Sauerstoff im Raum: Nur weil wir uns des Sauerstoffs beziehungsweise der Luft im Raum nicht bewusst sind, bedeutet das nicht, dass keine Luft vorhanden ist.

> **!** Geringe Wut nehmen wir nicht wahr – große Wut dagegen überwältigt.

Auch das Beispiel im vorhergehenden Kapitel verdeutlicht dies: Herr Müller war sehr wahrscheinlich bereits beim ersten Mal verärgert, als sein Besprechungsstuhl verschwunden blieb. Selten nehmen wir zu einem so frühen Zeitpunkt eine Analyse vor, ob wir bereits wütend sind – und was wir mit diesem Gefühl tun könnten. Herrn Müller platzt erst beim vierten Entwenden der Sitzgelegenheit der Kragen.

Der Weg von der ersten, „kleinen" Verärgerung bis zu dem deutlichen „Nein!" war also beachtlich lang.

! Nur weil wir Wut nicht wahrnehmen oder ausblenden, bedeutet das nicht, dass wir keine Wut haben.

Die negative Haltung der Wut gegenüber kann dazu führen, dass wir unsere Wut ablehnen. Dadurch bleibt sie meist unbewusst. Das führt zu der irreführenden Annahme, wir hätten unsere Wut unter Kontrolle. Viele Menschen leben auch in dem Glauben, gar keine Wut (mehr) zu haben.

Tatsächlich setzen wir Wut jedoch auf vielen Ebenen unbewusst ein. Entweder wird Wutenergie ungeübt und dadurch eher destruktiv als konstruktiv eingesetzt oder wir verschaffen uns selbst Nachteile, in dem wir sie gerade *nicht* einsetzen. In den meisten Situationen hindert uns die Illusion der Kontrolle daran, sinnvoll mit unserer Wut umzugehen.

! Kontrolle über unsere Wut und einen konstruktiven Umgang damit erreichen wir nur, wenn wir uns dieser Energie bewusst sind.

Ist Ärger Wut?

Viele Begriffe zur Beschreibung von Befindlichkeiten werden nicht der Wut zugerechnet, obwohl es sich dabei grundsätzlich um die gleiche Energie handelt. Wenn wir diese Worte als Synonyme oder Unterbegriffe von Wut verstehen, zeigt sich die Spannbreite des Gefühls Wut. Hier einige Beispiele:

> *Ärger, Zorn, Missstimmung, genervt sein, geladen sein, Gereiztheit, Groll, Missbehagen, Krach, Streit, Erregung,*

> *Aufregung, Überspannung, Exaltiertheit, Hochspannung, Verdruss, Ingrimm, Aggression, Rage, Raserei, Empörung, Dampf ablassen, seinem Ärger Luft machen, explodieren, cholerisch sein, hysterisch sein, Koller, Unmut, Zores, Ausrasten, Grummeln etc.*

Schließen wir diese Begrifflichkeiten aus der Wut aus, scheint es leicht, Kontrolle über Wut haben zu können. Dies könnte dazu führen, dass wir der Illusion verfallen, Wut bereits zu kontrollieren. Dabei würden wir übersehen, dass es sich hierbei möglicherweise mehr um ein Unterdrücken der Energie handelt.

Beziehen wir diese Fülle von Befindlichkeiten als Facetten von Wutenergie in unsere Betrachtungen mit ein, wird der potentielle Handlungsbereich für Wutenergie erheblich größer und damit interessanter.

In vielen Fällen nutzen Sie Wutenergie (un)bewusst bereits konstruktiv – etwa dann, wenn Sie eine Entscheidung treffen.

Schon für ganz kleine Entscheidungen wie die Auswahl Ihrer Kleidung am Morgen brauchen Sie ein geringes Maß an Wut und setzen diese auch ein. Wahrscheinlich sind Sie sich währenddessen jedoch nicht bewusst, dass es sich dabei um Wutenergie handelt. Es ist die gleiche Energie wie die, die bei einem Wutausbruch freigesetzt wird – nur auf einem sehr viel geringeren Niveau.

Es ist ein wichtiger erster Schritt, sich mit der Annahme vertraut zu machen, dass Wut eine neutrale und nutzbare Energie ist. Wut ist nichts, das Sie loswerden sollten und auch nichts, was nur manche Menschen haben und andere nicht. Jeder hat Wut – und deshalb kann auch jeder lernen, diese

Energie für sich zu nutzen. Die folgenden Kapitel zeigen auf, wie Wut bewusster wahrnehmbar und einsetzbar wird.

Auf den Punkt gebracht

Ist ein Messer gut oder schlecht? Je nachdem, welche Situation uns dazu einfällt, neigen wir spontan eher zu der einen oder anderen Einschätzung.

Mit einem Messer können wir Brot oder uns in den Finger schneiden, jemanden bedrohen oder Fesseln durchtrennen, einen Gegenstand beschädigen oder etwas Wertvolles schnitzen. Wann also ist das Messer gut und wann ist es schlecht?

Das Messer bleibt ein Messer, neutral. Die Frage ist, *wofür* wir es einsetzen, *was* wir damit tun. So betrachtet ist das Messer „nur" das Werkzeug und nachrangig.

Eine hilfreiche Betrachtungsweise ist, dass es sich mit Wut ähnlich verhält: Wut ist Wut, sie ist für sich neutral. Die Frage ist also weniger „Wut haben oder nicht", sondern vielmehr: „*Wofür* wird die Wut eingesetzt, *was* wird mit der Wut unternommen.".

Wut richtig verwenden – Eine Bedienungsanleitung

Jeder Mensch hat Wut. Es ist ein erster wichtiger Schritt zu erkennen, dass diese Energie wertvoll ist. Dies zu akzeptieren ist die Basis für die nächsten Schritte. Versuchen Sie also nicht, Ihre Wut loszuwerden! Setzen Sie sich stattdessen mit dieser außergewöhnlichen Energie auseinander, um die konstruktiven Seiten zu entdecken und gezielt für sich zu nutzen.

Beim Kauf eines neuen Elektrogerätes empfiehlt es sich, die Bedienungsanleitung zu lesen. Ganz ähnlich ist es mit der Wutenergie: Es ist wichtig zu wissen, wie und wofür Sie diese verwenden können – und was Sie besser nicht damit tun.

Im folgenden Kapitel beschäftigen wir uns eingehend mit dieser Energie. Wie lässt sich Wut klar von anderen Energien unterscheiden? Wie können wir rechtzeitig bemerken, dass wir Wut haben – bevor die Wut ein so hohes Niveau erreicht hat, dass wir nicht mehr sinnvoll damit umgehen können? Und was ist zu tun, wenn das doch passiert – Ihnen selbst oder Ihrem Gegenüber?

Wenn Sie diese Fragen für sich beantworten können, haben Sie ein grundlegendes Verständnis dafür entwickelt, was Wut tatsächlich ist und wie sie sich anfühlt. Sie werden nicht nur in der Lage sein zu lernen, auf eine gute Weise damit umzugehen, wenn Sie Wut haben. Mit etwas Übung werden Sie Ihre Wut auch gezielt hervorrufen und einsetzen können – wann immer Sie sie brauchen.

Energien unterscheiden

Generell geht man davon aus, dass es eine Vielzahl von unterschiedlichen Gefühlen gibt. Das aber bietet wenig Klarheit und keine Grundlage für den Umgang mit Gefühlen. Die vier Gefühle, die für dieses Buch als Basis verwendet werden, sind:

- **Wut**
- **Angst**
- **Trauer**
- **Freude**

Diese Reduzierung auf vier Gefühle scheint zunächst trivial. Obwohl dadurch die Vielfalt von Empfindungen auf den ersten Blick drastisch eingeschränkt scheint, bietet sich gerade dadurch eine sehr klare Differenzierungsmöglichkeit. Damit haben Sie eine Basis, um die Vielzahl verschiedener Gefühle zuordnen und mit ihnen umgehen zu können. Unterscheidungen bezüglich Ihrer Gefühle sind so leichter zu treffen.

Wut hat viele unterschiedliche Facetten. Dies zeigt sich auch in den vielen Begrifflichkeiten (siehe „Ist Ärger Wut?" S. 16). Die gleiche Vielfalt an Bezeichnungen und Abstufungen gibt es analog zu den anderen drei Gefühlen. Diese sind hier nicht explizit aufgeführt, da unser Fokus auf der Wutenergie liegt.

Auch hier schafft der Vergleich von Gefühlen mit Flüssigkeiten erneut Transparenz. Hilfreich für die Differenzierung ist die Unterteilung in verschiedene Gruppen wie beispielsweise Treibstoffe, Getränke oder chemische Lösungen. Anhand dieser groben Unterscheidungen kann die Verwendungsmöglichkeit bereits ungefähr festgelegt werden.

In der Praxis hat sich die Aufteilung auf die vier oben genannten Gefühle bewährt. Gerade weil die Einteilung so übersichtlich ist, können Sie die entsprechende Energie jedes einzelnen Gefühls rascher erfassen und identifizieren. Sie können Ihre persönlichen Energien damit eindeutig unterscheiden und gezielter einsetzen. Gleichzeitig haben Sie dadurch mehr Klarheit im Umgang mit den Gefühlen und Energien Ihrer Mitmenschen. Dadurch erschließen Sie sich neue Handlungsmöglichkeiten, die Sie eventuell davor nicht wahrgenommen haben.

Die konkreten Umsetzungsfelder und Anwendungsmöglichkeiten für Wut finden Sie im Kapitel „Wut – Neue Sichtweise", Seite 13, sowie in den Beispielen.

> **!** In diesem Buch wird von vier Gefühlen ausgegangen: WUT – ANGST – TRAUER – FREUDE.
>
> Sie sind eine handhabbare Basis zur Unterscheidung zwischen den einzelnen Gefühlen und den damit verbundenen Energien.

Körpersignale bemerken

Um die vier Gefühlsenergien unterscheiden zu können, sind in der nachfolgenden Tabelle einige Wahrnehmungsmöglichkeiten auf körperlicher Ebene beschrieben. Diese haben keinen Anspruch auf Vollständigkeit – es gibt individuelle Abweichungen und persönliche Eigenheiten. Dennoch kann Ihnen die Übersicht Anhaltspunkte zur Orientierung geben.

Gefühl/Energie	Mögliche körperliche Anzeichen
Wut	Geladene, tendenziell tiefere Stimme; körperliche Anspannung; lautes oder eindringliches, möglicherweise scharfes Sprechen
Angst	Aufgeregte, tendenziell höhere Stimme; körperliche Unruhe/Rastlosigkeit; viel sprechen bis zum Wortschwall
Trauer	Schwache, eventuell gebrochene Stimme; körperliche Schutzhaltung, in sich zusammensinken; eher leises, gemäßigtes Sprechen
Freude	Heitere Stimme; körperliche Aufrichtung; körperliches „Strahlen"; schwungvolles Sprechen

Wichtig: In dieser Aufstellung sind die Mischungen von Gefühlsenergien, wie Wut gemischt mit Trauer, ausgeklammert. Sie listet die Körpersignale, die pure Wut, Angst, Trauer oder Freude anzeigen können, deshalb ist es so wichtig, Ihre persönlichen Signale für jedes dieser Gefühle zu kennen und deren Wahrnehmung zu trainieren. Zu vermischten Gefühlen finden Sie mehr unter Kapitel „Vermischte Gefühle", Seite 87.

Neben den persönlichen Anzeichen gibt es zudem große kulturelle Unterschiede. Während in Mittel- und Nordeuropa Gefühle eher zurückgehalten werden, werden sie in Südeuropa deutlich gezeigt. Die biblischen Klageweiber beispielsweise äußern Trauer laut und eindringlich – ein Verhalten, dass zum Beispiel in der nordeuropäischen Kultur wenig üblich ist. In Asien wird ein „Nein" vermieden, eine Grenze oder eine Absage wird gegebenenfalls durch ein wiederholtes Vertrösten auf einen späteren Zeitpunkt ausgedrückt.

Die nachfolgende Übung unterstützt Sie, die verschiedenen Signale zu registrieren, die Sie Wut erkennen lassen. Erinnern Sie sich: Wut wird vielfach erst dann wahrgenommen, wenn man kurz vor dem Explodieren ist. Weniger Wut ist häufig zu subtil, um bemerkt zu werden.

An welchen Merkmalen ist Wut also zu erkennen?

Übung

Wut wird am leichtesten spürbar, wenn sie sehr groß ist. Möglichkeiten dazu gibt es viele: Im Straßenverkehr, durch Verzögerungen unterschiedlichster Art oder bei Konflikten. Doch woran bemerken Sie, dass das Gefühl Wut ist? Nehmen Sie sich fünf Minuten Zeit und machen Sie sich Notizen zu den folgenden Punkten. Besser noch: Stellen Sie die Szene für sich nach – oder auch zusammen mit Ihren Freunden. Erinnern Sie sich an eine Situation, in der Sie sehr wütend waren. Rufen Sie sich diese Szene nochmal genau ins Gedächtnis.

1. *Wo spüren Sie Ihre Wut im Körper? Im Bauch, in der Brust, in den Händen?*
2. *Wie verändert sich Ihre Körperspannung, Ihre Muskulatur?*
3. *Welche Haltung nehmen Ihre Hände ein?*
4. *In welcher Lautstärke und Schärfe sagen Sie jetzt „Nein!"?*

Meist zeigt sich Wut durch eine tendenziell tiefere Stimme und eine höhere Muskelspannung, die sich auch in geballten Fäusten ausdrücken kann. Mit den von Ihnen entdeckten – und gegebenenfalls notierten – Merkmalen schaffen Sie sich Erkennungsmöglichkeiten für die individuellen Zeichen Ihrer Wut. Wie Sie feststellen können, sind die Zeichen nicht kognitiv, sondern körperlich. Das, was Sie bei einer großen, deutlichen Wutsituation im Körper wahrnehmen, spüren Sie wahrscheinlich – in abgeschwächter Form – auch in weniger großen Wutsituationen.

5. *Spüren Sie nach, welche Signale oder Zeichen Ihnen Ihr Körper gibt. Lernen Sie darüber, auch Ihre geringere Wut zu bemerken.*

Wie hoch ist das Energieniveau?

Wie viel Prozent Wut sind aktuell vorhanden? Ohne Übung und fachkundige Anleitung ist dies meist schwer quantifizierbar. Bei einem Wutausbruch liegt meist ein sehr hohes Energieniveau vor.

Für den Umgang mit der Wut ist weniger interessant, wie viel Energie vorhanden ist. Vordringlich wichtig ist viel mehr, wie viel Energie handhabbar ist. Es geht darum, Wutenergie so früh wie möglich wahrzunehmen, um damit umgehen, beziehungsweise sie verwenden zu können. Mehr dazu finden Sie im folgenden Kapitel, das sich mit der Wahrnehmungsschwelle beschäftigt.

Die Wahrnehmungsschwelle

Der Alltag vieler Menschen ist angefüllt mit Aufgaben und Anforderungen. Diese stellen wir wahlweise an uns selbst oder sie werden von anderen an uns herangetragen. Einerseits sind dies berufliche Gegebenheiten, um Leistungen zu erbringen und gesteckte Ziele zu erreichen. Andererseits können diese privat mit Haushalt, Hobbys, möglicherweise Kindern, Partnerschaften, Freundschaften und gesellschaftlichen Aktivitäten zusammenhängen. Zwischen all dem noch wahrzunehmen, was man gerade fühlt, ist nicht immer einfach. Besonders wenn Ihnen die Übung fehlt, werden Sie einen großen Teil Ihrer Gefühle gar nicht bewusst wahrnehmen.

> ### *Die Konferenz*
> *Herr Pfeiffer und Frau Wolf unterhalten sich aufgebracht. Er möchte die Konferenz für den nächsten Monat detailliert vorbereiten. Wenn es nach ihm ginge, sollen auch schon die Details in Angriff genommen werden. Frau Wolf dagegen ist der Meinung, dass zu viel Planungstätigkeit der ganzen Veranstaltung die Spontanität nehmen würde. Die beiden fangen an, sich die Köpfe heiß zu reden und sich in Argumenten und Gegenargumenten zu verlieren. Schließlich meint Frau Wolf: „Auf mich wirken Sie ganz schön wütend." Worauf Herr Pfeiffer schreit: „Ich bin überhaupt nicht wütend!".*

Herr Pfeiffer und Frau Wolf bemerken lange Zeit nicht, wie sich die Stimmung immer mehr auflädt. Sie sind so in die Fakten und in ihre Vorstellungen vertieft, dass sie ihre Wut nicht bemerken. Bis Frau Wolf ihre Beobachtung in Bezug auf ihren Gesprächspartnern ausspricht. Ein wertvoller erster Schritt, um sich Wut bewusst zu machen. Auch nachdem sie auf die geladene Stimmung hingewiesen hat, lehnt Herr Pfeiffer es allerdings ab, seine eigene Wut wahrzunehmen. Gleichzeitig ist er so geladen, dass er nicht in der Lage ist, ruhig zu antworten. Gut verständlich: Wenn Wut als etwas Negatives betrachtet wird, möchte niemand zugeben, wütend zu sein.

In diesem Beispiel gibt es zwei Gründe, warum die Wut nicht wahrgenommen wird:

1. Fehlende Übung, Wut überhaupt zu spüren, sowohl bei Frau Wolf, noch mehr bei Herrn Pfeiffer.
2. Wut sich selbst gegenüber nicht einzugestehen, weil sie als etwas Negatives gesehen wird. Herr Pfeiffer bemerkt im Eifer des Gefechts seine Wut nicht.

Wutenergie gezielt einzusetzen erfordert allerdings weit mehr Sensibilität. Es ist wichtig, die Wut schon zu bemerken, bevor sie ein so hohes Maß erreicht hat, dass man nicht mehr damit umgehen kann.

Hier kommt der Begriff der Wahrnehmungsschwelle ins Spiel, abgeleitet aus der Forschung von C. Callahan in seinem Buch „Die Kraft des bewussten Fühlens", 2016. Alles, was unterhalb dieser Schwelle liegt, bemerken wir in der Regel gar nicht. Wenn jemand eine Wahrnehmungsschwelle von 75 Prozent hat, nimmt er bei einem Wutniveau von 60 Prozent noch gar nicht wahr, dass er überhaupt wütend ist. Bei den meisten Menschen liegt die Wahrnehmungsschwelle bei etwa 80 Prozent.

Bereits Kinder lernen, dass der Ausdruck von intensiver Wut zu Problemen führen kann. Das Hochsetzen der Wahrnehmungsschwelle hilft, die scheinbar nutzlose Wutenergie auszublenden. Damit wird gleichzeitig das unangenehme

Bewusstsein ausgeblendet, mit dem Gefühl nicht adäquat umgehen zu können.

Darüber hinaus führt das Hochsetzen der Wahrnehmungsschwelle zu einer ungenauen Selbstwahrnehmung. Herr Pfeiffer merkt nicht, wie wütend er bereits ist. Das hindert ihn auch daran, den Hinweis auf sein „geladen sein" anzunehmen und auf die Situationen adäquat zu reagieren. Um konstruktiv mit den eigenen Gefühlen umgehen zu können, ist es also unerlässlich, die eigene Wahrnehmungsschwelle zu bemerken und zu senken.

Das Beurteilungsgespräch

Vor zwei Tagen hatte Herr Arnold sein jährliches Beurteilungsgespräch mit seinem Vorgesetzten. Eigentlich ist er mit den Ergebnissen sehr zufrieden. So hatte er im letzten Jahr ein großes Projekt mit sehr viel Engagement gerade noch retten können und als Anerkennung dafür auch eine Gehaltserhöhung bekommen. Dennoch spürt er im Nachhinein eine leichte Verärgerung. Wie schon seit Jahren wurde seine Beförderung auch dieses Mal auf unbestimmte Zeit verschoben.

Hätte er seine Wut darüber schon während des Gespräches wahrgenommen, hätte er die Gelegenheit nutzen können, um Klarheit zu schaffen. Beispielsweise hätte er die Gründe für die erneute Verzögerung hinterfragen und einen Plan mit dem Vorgesetzten hierzu erstellen können. Stattdessen hat er sich erneut vertrösten lassen.

Bei Herrn Arnolds Ärger über die ausbleibende Beförderung handelt es sich um einen eher geringen Prozentsatz von Wut, der unterhalb seiner Wahrnehmungsschwelle liegt. Dadurch kann er das Gefühl nicht rechtzeitig bemerken und auch nicht spontan für sich nutzen. Er reagiert gewissermaßen verzögert und wird sich erst im Nachhinein bewusst, was er während des Gespräches eigentlich gefühlt hat. So kann das Hochsetzen der Wahrnehmungsschwelle zu Nachteilen im Beruflichen und Privaten führen.

Es ist Selbstbetäubung, die dazu führt, dass Wut unterhalb der Wahrnehmungsschwelle nicht bemerkt wird. Die Mittel, um diese Betäubung herbeizuführen, sind vielfältig: Übermäßig viel Arbeit (Workaholic), übermäßiger Konsum von Alkohol, Drogen oder Süßigkeiten, extreme Beschäftigung mit der eigenen Ernährung, exzessives Computerspielen, Fernsehen, übertrieben viel Sport und vieles mehr. Kurz gesagt: Alles, was im Übermaß getan wird, hindert Sie daran, im Moment präsent zu sein und zu fühlen – auch die eigene Wut. Eine Vermeidungsstrategie, für die Sie einen hohen Preis zahlen.

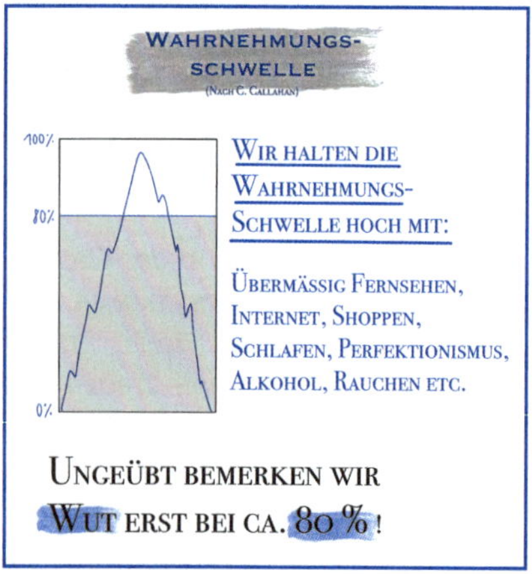

Die Wahrnehmungsschwelle – in Anlehnung an die Taubheitsschwelle von C. Callahan.

Wut informiert, dass etwas für die betroffene Person nicht stimmig ist. Senkt man seine Wahrnehmungsschwelle, so bemerkt man seine Wutenergie entsprechend früher. Das bedeutet, dass man:

a) Früher informiert ist, das etwas für uns nicht stimmig ist

b) Einen Wutausbruch erfolgreich abwenden kann

c) Früher die vorhandene Wutenergie nutzen kann

Damit steht diese wertvolle Energie zu einem früheren Zeitpunkt für eine Veränderung zur Verfügung und es ist möglich, damit idealerweise eine Lösung herbeizuführen.

! Eine hohe Wahrnehmungsschwelle lässt das Leben gleichförmig und vorhersagbar erscheinen. Sie hindert Sie jedoch daran, im Hier und Jetzt zu sein, Wut zu bemerken und sie nutzbringend einzusetzen.

Der Wutausbruch

Ein Wutausbruch ist eine heftige Angelegenheit – sowohl, wenn Sie selbst einen Wutausbruch haben wie auch, wenn eine Person in Ihrer unmittelbaren Umgebung in Rage gerät. Es handelt sich um die heftige Entladung von angestauter und vorher oft nicht bewusst wahrgenommener Wutenergie. Wutausbrüche können sich auf unterschiedliche Art zeigen, beispielsweise durch laute und heftige Äußerungen oder auch durch Kälte und Härte. Das Repertoire, mit Wutenergie umzugehen ist so facettenreich wie der Charakter jedes einzelnen Menschen.

Je nach Temperament kocht die Wut plötzlich hoch und wird so intensiv, dass sie aus der Person herausbricht und nicht mehr von ihr gezügelt werden kann. Auf der anderen Seite des Spektrums steht der Mensch, der gezielt und kühl seine Wutenergie einsetzt.

Warum bekommen Menschen einen Wutausbruch? Manchmal sind es nur Kleinigkeiten, die „das Fass zum Überlaufen bringen". Es können jedoch auch signifikante Angelegenheiten sein. In der Regel handelt es sich um Gegebenheiten, die nicht nach unseren Vorstellungen sind oder sich in eine unerwünschte Richtung entwickeln.

Entscheidend ist auf der gesamten Skala des Temperaments die Absicht, für die die Energie eingesetzt wird:

- Destruktiv, beispielsweise für Rache oder Aggression gegen andere oder sich selbst.
- Konstruktiv, beispielsweise um eine Grenze zu setzen oder für Klarheit und das Finden einer Lösung.

Frau Zieglers Arbeitsplatz

Frau Ziegler erscheint wie gewohnt zeitig im Büro. Anders als ihre Kollegen, die erst spät anfangen, arbeitet sie lieber in den Morgenstunden und beendet ihre Arbeit so, dass ihr noch etwas von ihrem Feierabend bleibt. Die anderen Mitglieder ihres Teams bleiben lieber bis spät abends. Heute wird sie richtig sauer, als sie an ihren Arbeitsplatz kommt: Schon wieder haben die Kollegen bis spät in die Nacht gearbeitet und ihren Schreibtisch als Abstellplatz für leere Kaffeetassen, halbvolle Getränkebecher, Pizza-Kartons und Stapel von Dokumenten benutzt. Wiederholt hatte sie höflich darum gebeten, dies zu unterlassen. Im ersten Ansatz ist sie äußerst wütend auf die Kollegen und hat einen Wutausbruch: Sie hat den Eindruck, gleich an ihrem Zorn zu ersticken. Deshalb verlässt sie das Büro und geht erst einmal eine Runde um den Block. Das hilft ihr, einen klaren Kopf zu bekommen. Bei genauerem Hinsehen bemerkt sie, dass sie sich am meisten über sich selbst ärgert: Sie hat sich erneut keinen Respekt verschaffen können und stellt fest, dass sie mit ihren freundlichen Bitten offenbar nicht weiterkommt.

Sie kehrt an ihren Arbeitsplatz zurück, doch statt wie sonst geraume Zeit mit dem Aufräumen ihres Platzes zu verbringen, nimmt sie ihre Unterlagen und zieht um. Der Schreibtisch von einem der nächtlichen Kaffeetrinker wird von ihr in Beschlag genommen. Sie richtet sich an seinem Tisch für ihren Arbeitstag ein und belässt die Unordnung an ihrem eigentlichen Schreibtisch. Die Überraschung des Kollegen ist groß. Nachdem Frau Ziegler nicht bereit ist, den von ihr requirierten Platz zu räumen und auf ihren verschmutzten Schreibtisch verweist, entschuldigt sich der Kollege. Er räumt das mit Abfall und Dokumenten beladene Pult auf. Anschließend hilft er Frau Ziegler, zurück an ihren angestammten Platz zu ziehen und beide arbeiten schließlich entspannt weiter.

Was passiert in diesem Beispiel? Die Wut hatte sich durch die regelmäßige Wiederholung der gleichen Situation schon zuvor in Frau Ziegler angestaut, kam jedoch nicht zum Ausdruck. Offenbar ist es ihr bisher nicht gelungen, ihren Kollegen deutlich zu machen, wie sehr ihr Verhalten sie stört. Nachdem sie nun für einen Moment von der plötzlich in ihr aufsteigenden Wutenergie fast überwältigt wird, geht sie im weiteren Verlauf der Situation an mehreren Stellen sehr konstruktiv damit um.

- Durch ihre Entscheidung, erst einen Spaziergang um den Häuserblock zu unternehmen, nutzt Frau Ziegler ihre Wut konstruktiv, und setzt sich mit ihr auseinander. So gewinnt sie Klarheit und wird handlungsfähig. Gleichzeitig schafft Sie Abstand zu der akuten Situation. Darüber hinaus hat sie gelernt, mit ihrer Wut besser umzugehen.
- Mit der verbleibenden Wutenergie deckt sie für sich auf, was die eigentliche, versteckte Ursache für ihre Wut ist – ihr mangelndes Durchsetzungsvermögen. Dadurch, dass sie die Ursachen nicht mehr bei anderen sucht, sondern ihr eigenes Verhalten reflektiert, kann sie eine Lösung finden. Die Kollegen kann sie nicht verändern. Ihr eigenes Verhalten sehr wohl.
- Sie trifft – erneut mit Hilfe ihrer Wut – die Entscheidung, den anderen Schreibtisch zu benutzen.
- Um an dem „requirierten" Schreibtisch bleiben zu können, muss Frau Ziegler eine weitere Grenze setzen, wozu sie wiederum Wutenergie benötigt: Sie erteilt dem Kollegen eine klare Absage, seinen Schreibtisch wieder freizugeben und ihren eigentlichen Schreibtisch von der Unordnung zu befreien.

Wenn Menschen sehr zornig sind, ist es herausfordernd, Unterscheidungen zu treffen. Gerade die genannten Differenzierungen haben sich jedoch als sehr unterstützend bewährt, um einen Wutausbruch in hilfreiche, konstruktive Energie zu wandeln.

Konflikte managen

Auseinandersetzungen, Differenzen, Diskussionen, Streitigkeiten und Missverständnisse – Konflikte gehören zum Leben dazu. Sie entstehen vorrangig dort, wo Menschen miteinander leben und arbeiten. In der Regel ist immer Wut mit im Spiel – je nach Situation und Phase des Konfliktes in unterschiedlich starker Intensität. Um Konflikte managen zu können, müssen wir lernen, mit unserer Wut und der Wut der Anderen konstruktiv umzugehen (mehr dazu unter „Die Wut der Anderen", Seite 115).

Mit den Konflikten ist es im Grunde ähnlich wie mit der Wut: Wenn die Übung im Umgang damit fehlt, werden beide lieber vermieden. Manche Menschen nehmen für sich selbst immense Nachteile in Kauf, nur um einem Konflikt aus dem Weg zu gehen. Dabei bergen Konflikte ein hohes Lösungspotential. In der Lage zu sein, mit einem Konflikt konstruktiv und auf sinnvolle Weise umzugehen, ist der Schlüssel, ihn zum Motor für Veränderung werden zu lassen.

Paradoxerweise kann gerade eine besonders harmoniebetonte Kultur in einem Unternehmen einem Team oder einer Familie Konflikte fördern. Wenn wir nicht wahrhaben wollen, dass es „auch bei uns" Konflikte geben kann, schwelen diese oft lange unter der Oberfläche und eskalieren schließlich ganz plötzlich. Wenn Sie hingegen sowohl in Ihrer Wut als auch in einem Konflikt das große Potential erkennen können, dann sind Sie schon auf dem besten Wege dazu, beides konstruktiv für sich zu nutzen.

Agenda – und Hidden Agenda

Ein übliches, menschliches Handlungsmuster ist es, ein Gefühl zu bemerken und dieses Gefühl als Auslöser – oder auch als Rechtfertigung – für eine bestimmte Handlung zu nutzen. Eine Abfolge, die meist unbemerkt abläuft, wie das folgende Beispiel zeigt.

> ### *Herr Anton und die Dränglerin*
>
> *Herr Anton steht in einer Warteschlange in einem Laden. Frau Münster geht an allen Wartenden vorbei direkt zum Tresen und bestellt. Die Reaktion von Herrn Anton ist, dass er*
>
> *a) wütend wird und*
>
> *b) den Unmut über das Vordrängeln von Frau Münster deutlich zum Ausdruck bringt.*
>
> *c) den Verkäufer auffordert, die nächste in der Warteschlange stehenden Personen zuerst zu bedienen und Frau Münster erst dann, wenn sie an der Reihe ist.*
>
> *Der Verkäufer reagiert prompt, bittet Frau Münster, sich am Ende der Warteschlange anzustellen und bedient die nächste, anstehende Person der Wartenden.*

Die offensichtliche Agenda – oder Abfolge – scheint in sich schlüssig: Herr Anton hat ein Gefühl – in diesem Fall Wut. Diese nimmt er als Auslöser für seine Handlung – das Aussprechen seiner Beschwerde und damit das Setzen einer Grenze.

Interessant ist es, die nicht offensichtliche Abfolge – die „Hidden Agenda“ – zu betrachten, die meist unbemerkt bleibt:

Vor dem Gefühl steht ein „schneller Gedanke". Jeder Mensch, in unserem Beispiel Herr Anton, hat die Wahl, welchen Gedanken er fasst. Dies ist ihm sehr wahrscheinlich nicht gewahr. In unserem Beispiel führt der Gedanke von Herrn Anton zu Wut als dem „gewählten" Gefühl.

Unbewusst tritt der „schnelle Gedanke" vor das Gefühl. Ebenso unentdeckt bleibt meist, dass unserem Herr Anton das gewählte Gefühl den Grund für seine Handlung gibt.

Herr Anton könnte auch einen gänzlich anderen Gedanken fassen: Wenn er beispielsweise noch unschlüssig ist, was er kaufen möchte, könnte er froh sein. Er hätte damit noch etwas mehr Zeit, seine Kaufentscheidung zu treffen.

Üben Sie, den „schnellen Gedanken" vor dem Gefühl zu entdecken und gegebenenfalls zu verändern. Lassen Sie sich überraschen, welche positive Veränderung dadurch möglich wird.

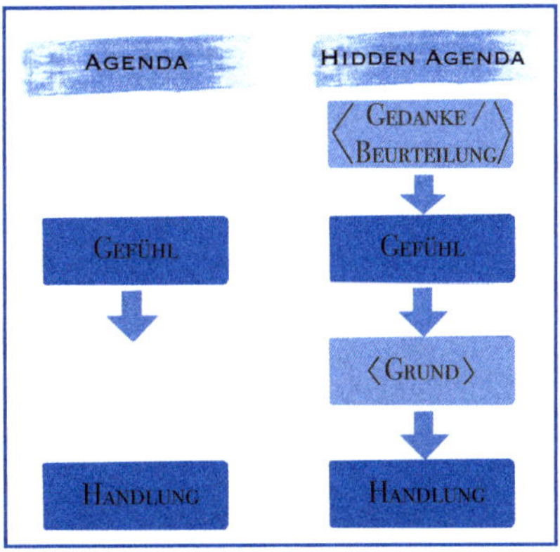

Agenda und Hidden Agenda – der versteckte Auslöser

Wenn wir lernen, die schnellen Gedanken beziehungsweise Beurteilungen wahrzunehmen, können wir diese willentlich verändern. Herr Anton kann Freude über die Zeit zu überlegen haben, statt Wut auf die Dränglerin.

> ! Das Gefühl folgt auf den „schnellen Gedanken". Gelingt es uns, den „schnellen Gedanken" zu ändern, kann darauf ein anderes Gefühl folgen. Das Gefühl gibt den Grund oder die Rechtfertigung für die Handlung.

Diese Erkenntnisse öffnen die Tür, proaktiv mit unseren Gefühlen umzugehen.

Bereiche des Konfliktmanagements

Nach Erik Lippmann gehören zum Management eines Konfliktes folgende Bereiche: „… Konflikte erkennen, sie in ihrer Komplexität verstehen und sich mit den Konflikten in einer konstruktiven Art und Weise auseinanderzusetzen." (Lippmann, Konfliktmanagement, 2013).

Der erste Schritt für ein funktionierendes Konfliktmanagement ist es, den Konflikt zu verstehen. Dafür lohnt es sich besonders, sich mit den verschiedenen Phasen eines Konfliktes vertraut zu machen. Je nachdem, auf welcher Eskalationsstufe der Konflikt sich bereits befindet, sind unterschiedliche Vorgehensweisen gefragt.

Die sechs Stufen der Konflikteskalation

1. *Verhärtete Fronten*
   Meinungsverschiedenheiten können nicht direkt aufgelöst werden (die notwendige Wutenergie ist nicht

vorhanden bzw. wird nicht konstruktiv genutzt). Ein länger andauernder Konflikt entsteht, Parteien werden gebildet.

2. *Taten statt Worte*
   Als nächste Stufe der verbalen Auseinandersetzung werden von den Konfliktparteien konkrete Schritte unternommen, um die eigene Position durchzusetzen.
3. *Imageschaden*
   Außenstehende werden in den Konflikt hineingezogen, die andere Seite wird nach außen hin nachteilhaft dargestellt und destabilisiert.
4. *Einschüchterungstaktik*
   Es wird nicht mehr diskutiert. Stattdessen wird versucht, die Gegenseite unter Druck zu setzen.
5. *Angriff*
   Erste Androhungen werden in die Tat umgesetzt. Anders als bei „Taten statt Worte" werden eigene Nachteile bis zu einem gewissen Grad in Kauf genommen.
6. *Vereinter Untergang*
   Die Gegenseite soll vernichtet werden, selbst wenn es das eigene Scheitern bedeutet. Die Wutenergie wird destruktiv genutzt, das Triumphieren über den anderen rechtfertigt sogar den eigenen Untergang.

Grundsätzlich kann ein Konflikt umso früher gelöst werden, je eher er erkannt wird. Hand in Hand mit dem bewussten Bemerken des Konfliktes geht das Aufdecken der eigenen Wutenergie und der der anderen. Die Konfliktlösung ist ein weiterer wichtiger Punkt, der dafür spricht, den bewussten Umgang mit der eigenen Wutenergie zu üben. Denn viele konstruktive Eigenschaften der Wut sind im Falle einer Konfliktlösung nützlich. Dazu zählen zum Beispiel Klarheit über den eigenen Standpunkt gewinnen und Grenzen setzen.

Auf den letzten Stufen eines Konflikts hilft dagegen oft nur eine Trennung der Konfliktparteien, beziehungsweise ein bewusstes Aussteigen aus dem Konflikt – auch wenn das Überwindung kosten kann.

Das Gefühl Wut ist eine Energie, die dann besonders hilfreich ist, wenn sie frühzeitig und positiv genutzt wird. Ist sie in einer Emotion erstarrt – also ist eine alte „Ladung" vorhanden – muss diese erst gelöst werden, bevor die Energie positiv verwendet werden kann. Mehr dazu, wie eine klare und nutzbare Wutenergie gefunden beziehungsweise entwickelt wird, lesen Sie in „Trennen von vermischten Gefühlen", Seite 91 und in „Gefühl oder Emotion" Seite 94.

Lösungsstrategien zu Konflikten

Unabhängig davon, ob Sie sich selbst in einem Konflikt befinden oder beispielsweise als Vorgesetzte/r mit einem Konflikt Ihrer Mitarbeiter umgehen müssen: Es gibt Punkte, die helfen, einen Konflikt aufzulösen.

Konfliktebenen

Es gibt viele verschiedene Arten von Konflikten. Typischerweise findet jeder Konflikt auf zwei verschiedenen Ebenen statt, die es zu unterscheiden gilt:

- **Die Sachebene:** Hier geht es um die nüchternen Fakten, sachlichen Fragen und die Meinungsverschiedenheiten wie auch um die unterschiedlichen Interessen der Konfliktparteien.

- **Die Beziehungsebene:** Hier spielen Sympathien oder Abneigungen, das Bedürfnis nach Macht oder Anerkennung und auch gegenseitige Verletzungen eine Rolle. Diese Ebene tritt immer deutlicher in den Vordergrund, je mehr ein Konflikt sich verschärft.

In der Klärung eines Konfliktes ist es erforderlich, die beiden Ebenen voneinander zu trennen.

Dabei ist ein Konflikt auf der Sachebene in der Regel leichter aufzulösen. Darüber die Beziehungsebene zu vergessen, wäre fatal: Aussicht auf eine erfolgreiche Konfliktlösung besteht nur, wenn die Beziehungsebene geklärt ist. Denn nur, wenn alle Beteiligten ernsthaft den Wunsch haben, die Angelegenheit zu bereinigen, kann der Konflikt wirklich gelöst werden.

Eines der wichtigsten Mittel zur Konfliktlösung ist, **die Wut des Anderen nicht persönlich zu nehmen.** Auch wenn jemand uns persönlich angeht oder eine starke Abneigung uns gegenüber hegt, hat das in der Regel wenig mit uns als Person zu tun. Der Grund liegt häufig in der Vergangenheit unseres Gegenübers, in einer ungelösten Emotion. (siehe „Gefühle vs. Emotionen“, Seite 94). Selbst, wenn freundlich und klar Grenzen gesetzt werden, kann sich das jeweilige Gegenüber dennoch angegriffen fühlen.

Prüfen Sie Ihre eigene Haltung bei der Klärung eines Konflikts:

- **Sachlichkeit:** Hilfreich ist es, in Gesprächen so sachlich wie möglich zu bleiben. Gefühle und Emotionen dürfen durchaus ausgedrückt werden – diese zu leugnen oder zu unterdrücken wäre kontraproduktiv. Jedoch sollte dies ohne Vorwurf oder Schuldzuweisungen geschehen. Beispielsweise statt dem Vorwurf „Sie sprechen rüde mit mir!" kann statt dessen die Ich-Botschaft mit nachfolgender Bitte verwendet werden: „Ich empfinde den Ton als unangenehm, in dem Sie mit mir sprechen. Bitte lassen Sie uns ruhiger miteinander reden."

- **Keine Suche nach einem Schuldigen:** Schuldzuweisungen treiben in die Defensive und aktivieren negative Emotionen. Dies erschwert es, Wutenergie konstruktiv und verantwortungsbewusst einzusetzen. Daher sollten wir auf die Suche nach einem Schuldigen in einem Klärungsgespräch gänzlich verzichten. Gleichzeitig können wir unsere Wutenergie erfolgreich dafür verwenden, eine klare Grenze zu setzen. Damit können wir beispielsweise den Versuch unseres Gegenübers unterbinden, jemanden zum Sündenbock zu stempeln.
- **Achtung und Wertschätzung:** Nutzen Sie die Klarheit Ihrer Wutenergie, um trotz Ihres Ärgers die Leistungen Ihres Gegenübers zu finden und anzuerkennen. Gegenseitige Wertschätzung ist eine wertvolle Grundlage für die Verständigung. Sie hilft auch, Verletzungen vorzubeugen oder sie zu lösen. Gleichzeitig unterstützt sie den anderen dabei, Kritik anzunehmen, ohne dabei das Gesicht zu verlieren.
- **Gemeinsamkeiten finden:** Die trennenden Aspekte stehen bei einem Konflikt häufig im Vordergrund. Für das Finden einer konstruktiven Lösung sind jedoch besonders gemeinsame Interessen, Ziele und Werte wichtig. Auch hier ist die nüchterne Klarheit der Wutenergie hilfreich.
- **Kompromissbereitschaft:** Es ist wichtig, ein Stück weit vom eigenen Standpunkt abzuweichen. Damit kommen Sie der Gegenseite entgegen, um einen Konflikt zu klären

und eine Lösung zu finden. Nicht gemeint ist, um der Harmonie willen einen „faulen" Kompromiss einzugehen, der nicht stimmig ist. Das würde dazu führen, dass der Streit mittelfristig erneut aufflackert. Notwendig ist hierfür zu wissen, wo die eigenen Grenzen sind. Greifen Sie auch hierbei auf Ihre Wutenergie zurück.

- **Hintergründe und Prioritäten aufdecken:** Was ist beiden Parteien wirklich wichtig? Was sind ihre Bedürfnisse? Welches sind die wahren Gründe für die jeweiligen Standpunkte?

  Häufig lassen sich vorher verdeckte gemeinsame Interessen auf dieser Ebene erkennen und so Lösungen finden, die für alle Parteien vertretbar sind.

Zum Thema Konfliktmanagement gibt es viele gute und erprobte Methoden. Konflikte sind ein Teil unseres Alltags. Es gilt zu lernen, immer besser und konstruktiver damit umzugehen. Die Kernkompetenz dabei ist ein positiver und geübter Umgang mit Wutenergie. Frühzeitig die aufkommende Wut zu bemerken (siehe „Wahrnehmungsschwelle", Seite 25), ist der entscheidende Punkt, um Konflikten und deren Eskalation vorzubeugen.

Meist ist Wut als wesentliches Gefühl an einer Konfliktsituation beteiligt. Zugleich ist diese Energie ein wichtiger Schlüssel zur Klärung des Konfliktes: Wenn Wutenergie bewusst und mit einer klaren Absicht eingesetzt werden kann, fällt es deutlich leichter, lösungsorientiert zu handeln und zu deeskalieren. Sie sind dadurch in der Lage, Klarheit zu schaffen und zu bewahren, sinnvolle und angemessene Grenzen zu setzen und in Selbstverantwortung die Situation positiv zu verändern.

Dieses Zitat des Dalai Lama bietet zu Wut und Konflikten einen schönen Lösungsansatz:

„Wut kann nicht durch Wut überwunden werden. Wenn jemand wütend auf Sie ist, und Sie in Ihrem Zorn erwidern, ist das Ergebnis eine Katastrophe. Wenn Sie dagegen Ihre Wut kontrollieren und das Gegenteil zeigen – Liebe, Mitgefühl, Toleranz und Geduld – werden nicht nur Sie wieder friedlich, sondern auch der Zorn der anderen Person wird abnehmen."

Dieser Lösungsansatz ist vorbildlich. Entscheidend kann hier sein, dem anderen zuerst Verständnis zu signalisieren für seine Sichtweise und seine Wutenergie. Das holt das Gegenüber dort ab, wo es aktuell steht. Damit wird die Grundlage für die friedliche Lösung des Dalai Lamas gelegt.

Auf den Punkt gebracht

Wut lehrt Wahrheit. Sie zeigt auf, wenn etwas nicht stimmig ist für die betroffene Person, die Wut hat.

Es gilt zu lernen, dieser Energie nachzugehen. Statt sie zu unterdrücken und für schlecht oder nutzlos zu erklären, ist es hilfreich:

- Wutenergie frühzeitig zu bemerken und zu spüren.
- Körpersignale wie beispielsweise Muskelanspannung als Signal von Wut wahrzunehmen.
- Die Wahrnehmungsschwelle zu senken und die Wut dadurch so früh wie möglich zu bemerken.
- Wut konstruktiv zu verwenden, so dass es gar nicht erst zu einem Wutausbruch kommt.
- Den Wutanfall eines anderen als Energieausbruch zu respektieren und ihn für Lösungsfindung zu nutzen – was zugegeben nicht ganz einfach ist.
- Konflikte und deren Eskalationsstufen frühzeitig wahrzunehmen, zu deeskalieren und idealerweise gemeinsam eine gute Lösung für alle zu finden.

Mut zur Wut

Die Nutzungsmöglichkeiten von Wut sind weitreichend und können sowohl positiv als auch negativ sein. Wie bewusst oder unbewusst Ihr Umgang mit dieser Energie ist, ist ein entscheidender Faktor. Davon hängt auch Ihre Fähigkeit ab, mit Situationen und Gegebenheiten konstruktiv umzugehen. In diesem Kapitel werden Effekte und typische Verhaltensweisen aufgezeigt, bei denen Wutenergie ein hilfreicher Partner sein kann.

Je gezielter und bewusster wir in der Lage sind, unsere Wutenergie lösungsorientiert einzusetzen, umso klarer und effizienter können wir auch unseren Entscheidungsprozess gestalten.

Auf diese Weise können Sie bestimmte psychologische „Entscheidungs-Fallen", wie den sogenannten Gefrier-Effekt, vermeiden, deren psychologische Wirkungen zu Fehlentscheidungen führen können.

Häufig ist unser Umgang mit Wut geprägt von dem, was uns als Kindern über dieses Gefühl vermittelt wurde. Vielfach sind diese Prägungen wenig konstruktiv. Um als Erwachsene sinnvoll mit unserer Wut umzugehen, ist es wichtig, diese Prägungen zu verstehen. Gelernte Strategien können, wenn nötig, durch neue und zielführendere Handlungsmuster ersetzt werden. Auch mit dieser Thematik werden wir uns in diesem Kapitel beschäftigen.

Wer Wut gut aufgezäumt bekommt, ist auch resilient. Man ist fähig, auf Herausforderungen und Veränderungen mit einer adäquaten Anpassung des Verhaltens zu reagieren. Die

Wichtigkeit von Resilienz wird von der Wissenschaft immer mehr erkannt.

Bewusst oder unbewusst?

Spontan ist die Antwort auf die Frage „Was fühlst Du gerade?" oft „Nichts". Erwachsene sind geübt darin, nicht wahrzunehmen, dass und was sie gerade fühlen. Auch ihre Wut nehmen sie meistens nicht wahr, bis sie ein sehr hohes Niveau erreicht hat. Woran liegt das?

Die Wurzeln dazu liegen möglicherweise schon in unserer frühen Kindheit. Beobachten wir Kinder auf einem Spielplatz, stellen wir fest, dass sie wahre Energiebündel sind. Sie zeigen ihre Gefühle deutlich. Der schnelle Wechsel von Wut zu Freude – oder zu Angst oder Trauer – ist auffallend.

> *Hannas Sandburg*
> *Gerade noch war Hanna, drei Jahre alt, stinksauer – sprich wütend – darüber, dass ihr Freund ihre Sandburg kaputt gemacht hat. Nun bemerkt sie, dass ihre Mutter nicht mehr auf der Bank sitzt, auf der sie sonst immer wartet und bricht in Tränen aus. Da entdeckt sie auf der anderen Seite des Sandkastens, wie ihre Mutter mit einem Eis auf sie zukommt und läuft ihr jauchzend vor Freude entgegen.*

Für Kinder ist es selbstverständlich, zu fühlen und ihre Gefühle auch sichtbar zum Ausdruck zu bringen. Doch irgendwann scheint sich das zu ändern. Warum behaupten Erwachsene „nichts" zu fühlen, wenn sie nach ihren Gefühlen gefragt werden? Wann haben wir uns von den Energiebündeln, die wir als Kinder waren, in Erwachsene, mit meist bedeutend weniger Elan und Drive, verwandelt? Was ist geschehen?

Fakt ist, dass wir in unserer Kultur kaum etwas über Gefühlsenergien erfahren. Es ist weder ein Schulfach noch wird von den meisten Eltern Konkretes dazu vermittelt. Es bleibt diffus, kaum wird darüber gesprochen. Wir bekommen schon früh vermittelt, dass Gefühle etwas sind, was uns eher überfällt, oder etwas, das wir gut im Griff haben sollten. Es wäre allerdings falsch, zu glauben, dass wir als Erwachsene weniger fühlen. Vielmehr lernen wir oft schon als Kind, das Fühlen als überflüssig oder sogar als negativ zu betrachten – statt diese großartigen Energien konstruktiv zu nutzen.

> ***An der Supermarktkasse***
> *Robert, vier Jahre alt, tobt, weil er das Spielzeug nicht gekauft bekommt, das er haben möchte. Der Vater schimpft mit ihm: „Führ Dich nicht so auf. Was sollen die Leute denken. Jetzt kauf ich Dir auch kein Eis mehr." Robert lernt: Wenn ich wütend bin, werde ich bestraft. Mein Vater möchte nicht, dass ich wütend bin. Wütend sein ist nicht gut.*

Robert hat gelernt, dass seine Wut unerwünscht ist. Sein Vater signalisiert ihm, dass er sich dafür schämt („Was sollen denn die Leute denken."). Was nicht bedeutet, dass Robert keine Wut mehr hat. Er lernt lediglich, seine Wut zu unterdrücken. Dadurch scheint es – möglicherweise auch Robert selbst – als würde er gar keine Wut mehr haben.

Auf diese Weise lernen wir schon als Kinder, dass es sich nicht lohnt, zu fühlen. Es bringt uns in Schwierigkeiten, wenn wir fühlen und dies auch noch zeigen. Dadurch verhalten wir uns entsprechend den gesellschaftlichen Vorstellungen, verlieren jedoch gleichzeitig die Wahrnehmung für unsere Gefühle. Dieser unbewusste Umgang kann sowohl im Beruf als auch im Privatleben zu Problemen führen.

An der Supermarktkasse – Eine andere Variante
Der gleiche Robert, vier Jahre alt, tobt, weil er das Spielzeug nicht gekauft bekommt, das er haben möchte. Der Vater möchte nicht auffallen und sagt rasch: „Sei leise, ich kaufe Dir das Spielzeug ja schon. Und ein Eis bekommst Du auch, nur sei jetzt still."

In diesem Beispiel lernt Robert etwas völlig anderes: Durch seine Wut bringt er seinen Vater dazu, zu tun, was er möchte. Er lernt also, seine Wut dafür einzusetzen zu tyrannisieren und zu manipulieren. Das funktioniert besonders gut bei Menschen, die, wie sein Vater, einen defensiven und schambehafteten Umgang mit Wut haben.

An der Supermarktkasse – Eine Lösungsmöglichkeit
Wieder tobt der Vierjährige auf Grund der Weigerung des Vaters, das gewünschte Spielzeug zu kaufen. Der Erwachsene bleibt verständnisvoll und fragt das Kind, ob es wütend ist. Der Sohn brüllt „Jaaaa!!!" Der Vater bittet sein Kind, leiser zu sein und um Hilfe: Er möchte verstehen, was den Jungen so aufbringt. Damit gelingt es ihm, a) das Kind zu beruhigen, da es sich gehört fühlt, b) Verständnis zu zeigen und c) ein Gespräch für eine Lösung zu beginnen.

Hier lernt das Kind, dass es akzeptiert wird, auch wenn es wütend ist. Gleichzeitig wird ihm durch das Elternteil vermittelt, dass es erforderlich ist, die Wut anders zu artikulieren und wie das möglich ist.

Zugegeben ist das keine einfache Übung, wenn wir als Eltern selbst in Eile sind und uns möglicherweise nicht bewusst ist, dass wir selbst wütend sind: Auf die lange Warteschlange im Supermarkt, einen schwierigen Arbeitsauftrag, einen ungerechtfertigten Tadel des Vorgesetzten. Bleiben Sie dran! Üben Sie weiter und seien Sie sich den positiven Umgang mit Ihrer Wut wert.

Wut verwenden oder verschwenden?

Abhängig von der jeweiligen Persönlichkeit und dem, was uns als Kindern vermittelt wurde, bedienen wir uns der Wut auf ganz unterschiedliche Weise. Sie kann vergeudet, verdrängt oder gespeichert und entweder konstruktiv oder destruktiv eingesetzt werden. Wofür verwenden Sie Ihre Wut? Schaffen Sie sich eine erste Übersicht, idealerweise mit Ihren persönlichen, konkreten Beispielen. Gern können Sie sich dafür die folgende Tabelle zu Hilfe nehmen.

Mit dieser Übung können Sie Situationen aufdecken, in denen Sie Ihre eigene Wut einsetzen – oder auch mit der Wut anderer konfrontiert werden. Gleichzeitig schärfen Sie Ihre Unterscheidungsfähigkeit zu anderen Energien.

Wut – eingesetzt für	**Beispiele**
Vergeuden	Dinge zerstören Vor sich hin schimpfen, jemanden ausschimpfen
Verdrängen	Herunterspielen, herunterschlucken, ignorieren, dass wir uns wütend fühlen

Wut – eingesetzt für	Beispiele
Speichern	Destruktiv: Aufsparen, um sich zu revanchieren, Rache zu nehmen Konstruktiv: Warten auf eine Gelegenheit zur Klärung
Destruktives Handeln	Jemanden anschreien, Streit „vom Zaun brechen" Wut gegen uns selbst richten, zum Beispiel Gallenprobleme bekommen
Konstruktives Handeln	Sich der eigenen Wutenergie bewusst sein Klare Grenzen setzen – ein freundliches und deutliches „Nein" Chaos beseitigen / aufräumen

! Der Umgang mit Wut will geübt sein. Freundlich und klar genutzte, bewusst eingesetzte Wut ermöglicht konstruktive Ergebnisse.

Resilienz

Bis vor wenigen Jahren war der Begriff Resilienz kaum bekannt außerhalb des Bereichs der Werkstoffkunde. Vor der Aufschlüsselung des Zusammenhangs zwischen Wut und Resilienz gilt es, diesen Begriff näher zu betrachten.

Resilienz ist ein sogenanntes Januswort, ein Wort, das zwei unterschiedliche Bedeutungen hat. Einerseits wird der Begriff für Werkstoffe verwendet, die stark verformt werden können und sich über kurz oder lang wieder in ihren ursprünglichen Zustand zurückformen. Andererseits wird es für eine besondere Kombination von Eigenschaften bzw. Fähigkeiten verwendet. Viktor Frankl, ein Auschwitzüberlebender, gilt als einer der Begründer der Resilienz, obwohl er den Begriff selbst nicht erwähnt hat. Auch in einer Studie von Emmi Werner und Ruth Smith (Werner, 1992) mit Straßenkindern in Hawaii wurde Resilienz untersucht.

Die in dieser Studie begleiteten Kinder stammten durchweg aus schwierigen Verhältnissen mit einem zerrütteten Elternhaus mit Alkohol- und Drogenproblemen, kaum Fürsorge und Unterstützung und somit beliebig schlechten Zukunftsaussichten. Diese jungen Menschen wurden im Rahmen eines Projektes gefördert und unterstützt. Die Erfolgsaussichten schienen dennoch gering. Trotzdem schaffte es ein kleiner Prozentsatz der teilnehmenden Mädchen und Jungen, einen Schulabschluss zu erreichen, eine Ausbildung erfolgreich zu beenden und eine Familie zu gründen. Bei näherer Untersuchung wurde festgestellt, dass diese Gruppe verschiedene Eigenschaften gemeinsam hatte:

Widerstandsfähigkeit, Belastbarkeit und Zähigkeit, Ausdauer und die Fähigkeit, sich von Problemen und Rückschlägen anspornen zu lassen sowie sich zuzutrauen, einen anderen Weg als den der Eltern einzuschlagen.

Auch der Psychologe Glen Elder stellt in seinem Werk Children of the Great Depression (gemeint ist die Wirtschaftskrise der 1930er Jahre) fest, dass resiliente Menschen sich aktiv als kompetente Akteure ihres eigenen Lebens verhalten. Dies bedeutet, dass sie bewusst Entscheidungen treffen.

Heute sind resiliente Menschen auf dem Arbeitsmarkt besonders gefragt und viele Weiterbildungen zielen darauf ab, die Anlagen für Resilienz zu fördern und auszubauen.

Was hat Resilienz nun mit Wut zu tun? Um das zu erkennen, sehen wir uns nun die sieben Säulen der Resilienz an. Diese sind abgeleitet aus der Forschung von Karen Reivich und Andrew Shatté in ihrem Buch „The Resillience Factor: 7 Keys to Finding Your Inner Strength and Overcoming Life's Hurdles", 2003. Neben anderen Fähigkeiten ist auch Wut für all diese Aspekte notwendig.

1. Optimismus

Unter Optimismus wird im Zusammenhang mit Resilienz das Bewusstwerden des eigenen Energiepotentials verstanden. Dies weist bereits darauf hin, wie wichtig es ist, sich der eigenen Energien bemächtigen zu können – wie der hier beschriebenen Wutenergie. Bezeichnend für diese Art des Optimismus ist es, dass Probleme als Chancen gesehen werden. Mit Wut hat das insofern zu tun, dass das Einnehmen einer optimistischen Haltung eine klare und bewusste Entscheidung erfordert.

Nur diese lässt uns sehen, was es zu lernen gibt und welche positiven Möglichkeiten eine Situation bietet.

2. Akzeptanz

Ein wichtiger Bestandteil von Resilienz ist es, eine Situation erst einmal so zu akzeptieren, wie sie ist. Dazu gehört auch, die eigene Wut zu akzeptieren. Es ist unerlässlich, in der Lage zu sein, Wut neutral oder positiv zu betrachten, als „Treibstoff" für Veränderung. Die eigene Wut nicht abzulehnen oder für sinnlosen Widerstand zu vergeuden. So können wir lernen, diese Energie für uns zu nutzen und schwierige Situationen in Chancen wandeln.

3. Lösungsorientierung

Lösungsorientiert ist es, sich von möglichen Schuldzuweisungen zu distanzieren, hin zu einer Lösung und einem positiven Ergebnis, das Sie idealerweise selbst in Gang setzen. Hilfreiche Fragen sind:

- Wie müsste ich mich verhalten, damit das nicht – oder nicht nochmal – passiert?
- Was kann ich von meiner Seite beitragen, damit eine Lösung möglich wird?
- Welche Grenzen sind zu setzen?
- Was gilt es zu kommunizieren, damit sich die Situation ändert?
- Welche Entscheidungen habe ich noch nicht getroffen, die für eine Veränderung der Situation notwendig sind?
- Welche verfügbaren oder erreichbaren Ressourcen benötige ich, um meine Haltung oder die Situation zu ändern?

Auch für ein lösungsorientiertes Verhalten ist die Bereitschaft gefragt, Entscheidungen zu treffen. Statt sich von destruktiven Gedanken dem Problem gegenüber vereinnahmen zu lassen, nutzen Sie Ihre Wutenergie, um Lösungen zu finden und eine positive Haltung einzunehmen.

4. Verlassen der Opferrolle

Es gibt beliebige Gründe für Wut, angefangen bei scheinbar trivialen Gegebenheiten, bis hin zu schwerwiegenden Herausforderungen. Wenig hilfreich zeigt es sich, in die Opferrolle zu verfallen und in Selbstmitleid zu baden. Decken wir den schnellen Gedanken vor dem Gefühl auf (siehe Hidden Agenda, Seite 34), dann können wir unser Handeln und unsere Haltung ändern.

Der erste Schritt ist, sich selbst dabei zu ertappen, in der Opferrolle zu sein: Zu Jammern und sich zu beschweren, statt Verantwortung zu übernehmen und nach Lösungen zu suchen. Grenzen setzen, sich selbst und anderen – auch hierfür ist der Einsatz von einem Quäntchen Wut erforderlich. Um aus der Opferrolle auszusteigen, ist es notwendig, sich selbst eine Grenze zu setzen und sich „am eigenen Schopf aus dem Sumpf zu ziehen". Nicht länger zu lamentieren über Situationen und Personen, sondern nach Chancen zu suchen und Lösungen zu entwickeln.

5. Verantwortung übernehmen

Wut hilft, in Führung zu gehen: Für die Übernahme von Verantwortung ist Entscheidungsfähigkeit erforderlich. Es ist notwendig, Entscheidungen zu treffen – und sei es nur, nach einem Scheitern wieder aufzustehen oder auch Chancen zu ergreifen statt unentschlossen abzuwarten. Nutzen Sie Ihre Wutenergie, um zu erforschen, wo Sie Verantwortung übernehmen können und eine positive Einstellung einnehmen wollen – sowohl der Verantwortung wie auch der persönlichen Haltung gegenüber.

6. Netzwerkorientierung

Netzwerkorientierung beschreibt die Haltung, dass gemeinsam noch mehr machbar ist. Dafür ist es notwendig, Beziehungen zu anderen Menschen aufzubauen und zu pflegen. Innerhalb einer Gemeinschaft ist jedoch auch Abgrenzung in einem gewissen Maße notwendig. Nur dann kann ein Netzwerk wirklich funktionieren. Beispielsweise geht es darum, welche Verhaltensweisen für uns tolerierbar sind und wo wir Abstand zu den anderen benötigen; wo wir anderen oder uns selbst eine Grenze setzen sollten.

Fehlt der Zugang zu Wut, fehlt damit auch die Fähigkeit sich abzugrenzen. Um sich keine Energie „rauben" zu lassen und nutzbringende und aufbauende Beziehungen zu gestalten, ist Respekt für die Grenzen der anderen wie auch eigene Abgrenzung wichtig. Sie ist eine entscheidende Voraussetzung für erfolgreiches Netzwerken.

7. Zukunftsplanung

Für die Zukunftsplanung sind Möglichkeiten für kommende Zeiten aufzudecken und zu konkretisieren. Gleichzeitig braucht es eine realistische Betrachtung der verfügbaren Ressourcen und Potentiale. Auch hierfür ist die Basis eine gewisse Klarheit – die wiederum ein bestimmtes Quantum Wutenergie benötigt.

Die Macht der Entscheidung

Entscheidungen treffen ist eines der Felder, für die wir unsere Wutenergie am häufigsten und oft auch unbewusst verwenden. Viele Entscheidungen werden instinktiv getroffen –

in welche Hand nehmen Sie die Gabel, mit welchem Fuß springen Sie ab, wenn Sie auf die andere Seite einer Pfütze gelangen wollen, wie begrüßen Sie Ihren Partner am Abend.

Durch das bewusste Betrachten eines Tagesabschnittes wird klar, wie viele Entscheidungen – scheinbar automatisch – getroffen werden und wo ganz bewusst gewählt wurde.

Die Mittagspause

In der Mittagspause wird Frau Busch von ihrer Kollegin Frau Pohl zum Essen eingeladen. Frau Busch zögert und kann nicht gleich eine Entscheidung treffen. Eigentlich wollte sie nur schnell etwas essen und dann weiterarbeiten, damit sie heute früher nach Hause gehen kann. Andererseits wäre die Einladung eine gute Gelegenheit, um ihre Kollegin besser kennenzulernen. Frau Pohl steht in der Tür von Frau Buschs Büro und wartet auf eine Antwort. Erst als sie scherzhaft darauf hinweist, dass die Mittagspause vorbei sein wird, wenn Frau Busch noch länger überlegt, entscheidet diese sich rasch, die Einladung anzunehmen.

Entspannt betreten die beiden das kleine Restaurant gegenüber des Firmengebäudes und studieren die Speisekarte. Während Frau Pohl schnell eine Entscheidung trifft, zögert Frau Busch erneut. Erst als der Kellner schon zum dritten Mal nach ihren Wünschen fragt, trifft sie ihre Wahl und bestellt.

Unentschlossenheit kennt jeder – entweder von sich selbst oder von anderen. Manche Menschen tun sich schon bei kleinen Entscheidungen, wie die Wahl des Mittagessens von der Speisekarte, eher schwer. Ein solches Verhalten ist ein sicherer Hinweis auf einen blockierten Zugang zur Wutenergie.

In einer Entscheidung steckt neben der angenehmen Option, etwas auszuwählen gleichzeitig immer auch das Ablehnen von einer beliebigen Anzahl von anderen Möglichkeiten. Wenn Sie den Bericht in der nächsten Stunde fertig schreiben, können Sie nicht gleichzeitig eine Analyse der neuesten Umsatzzahlen ausarbeiten. Wenn Sie abends einen spannenden Film im Kino ansehen, können Sie nicht gleichzeitig ein erfrischendes Bad im kühlen See genießen.

Diese Tatsache bekommt eine andere Dimension, sobald es um größere Entscheidungen geht. Hier wird der Einsatz von Wutenergie schon deutlicher: Wenn man sich „einen Ruck gibt" oder sich „zu einer Entscheidung durchringt".

Eine Entscheidung treffen zu müssen, welche die weitere Zukunft betrifft und deren Konsequenzen nicht klar abzusehen sind, setzt viele Menschen unter Stress. Dem zugrundeliegend ist die Vorstellung, dass es eine „richtige" und eine „falsche" Option gibt. Wir wollen das Risiko vermeiden, nach unserer Entscheidung schlechter dazustehen als vorher. Wir gehen davon aus, dass wir nur alle Informationen besitzen und die Argumente gegeneinander abwägen müssten, um dann am Ende eine zweifelsfrei gute Entscheidung zu treffen.

Tatsächlich spielen jedoch Gefühle eine weit größere Rolle als angenommen. Deutlich wird das, wenn Sie sich noch einmal das Beispiel mit der Speisekarte vor Augen führen. Möglicherweise wägen Sie bei der Wahl Ihres Mittagessens einige rationale Argumente gegeneinander ab – etwa, wie gesund ein Gericht ist oder ob Ihnen der Preis angemessen erscheint. Letztendlich werden viele von uns aber danach entscheiden, worauf sie gerade Appetit haben.

Entscheidungs-Dimensionen

Für jede Entscheidung brauchen Sie etwas Wut. Um eine Wahl zu treffen, benötigen wir nicht die große, stürmische, aufbrausende Kraft, sondern nur ein wenig dieser Energie.

Bewusst wird Wut, wenn die Verärgerung schon groß ist: Wenn Sie zum wiederholten Mal dankend ablehnen, in ein größeres, jedoch lauteres Büro zu ziehen oder wenn Ihr Kollege Ihnen zum fünften Mal Kuchen anbietet und Sie nichts Süßes mögen. In diesen Fällen der Ablehnung wird die Wutenergie erkennbarer, auch wenn es sich immer noch um relativ wenig Wut handelt. Noch subtiler – und damit schwerer wahrnehmbar – wird die Wut bei entspannten Entscheidungen, wie Sie sie bereits ständig erfolgreich im Alltag treffen.

- **Bewusste Entscheidungen:** Zum Beispiel die Wahl des Mittagessens von der Speisekarte, die Eis-Sorte oder den Platz, den Sie in einem Besprechungsraum einnehmen.
- **Unbewusste Entscheidungen:** Wie beispielsweise die Hand, mit der Sie heute ein Schriftstück unterschreiben (üblicherweise nehmen wir gewohnheitsgemäß immer die gleiche), mit welchem Bein Sie zuerst in die Hose schlüpfen oder das Lächeln, das Sie möglicherweise gewohnheitsgemäß „aufsetzen", wenn Sie von Ihrem Kollegen angelächelt werden.
- **Große Entscheidungen:** Wie der Kauf eines neuen Autos, die Kündigung des aktuellen Arbeitsplatzes oder das „Ja" bei der Hochzeit.

- **Nicht entscheiden:** Überraschenderweise ist auch das Nicht-Entscheiden eine Entscheidung. Wenn Sie die Wahl des Urlaubsziels Ihrem Partner überlassen, entscheiden Sie, dass Sie nicht entscheiden.
- **Ablehnung:** Beispielsweise das Angebot eines neuen PCs, das Sie ablehnen, weil Sie mit Ihrem aktuellen Modell zufrieden sind. Oder Sie widerstehen der Verlockung, noch länger an einem spannenden Projekt zu arbeiten und darüber einen Termin zu versäumen.
- **Zustimmung:** Auch das Annehmen einer Offerte ist eine Entscheidung, von dem freundlichen Hilfsangebot des Kollegen bei einer kniffeligen Präsentation bis zum Akzeptieren einer Einladung zum Abendessen.

Übung

Idealerweise suchen Sie sich einen Partner für diese Übung. Beobachten Sie einen Tag lang Ihre Entscheidungen und notieren Sie sich Erkenntnisse und Besonderheiten, Vorlieben und Fragen. Welche Art von Entscheidung stellt Sie vor besondere Herausforderungen?

Mit Ihren Notizen und dem Austausch dazu mit Ihrem Übungspartner können Sie Ihre Wahrnehmung zu Ihrer Wut schärfen.

Die Kunst des Abwägens

Wir glauben gerne, dass wir Entscheidungen rein rational treffen können. Dabei wird jedoch oft vergessen, dass es unmöglich ist, alle Konsequenzen einer Entscheidung im Voraus abzusehen. Jede Entscheidung trägt ein kleines Risiko in sich und sei es auch nur das, etwas womöglich Besseres zu verpassen.

Das Prüfen aller Optionen und Argumente ist wichtig und hilfreich. Um am Ende tatsächlich eine Entscheidung zu treffen, braucht es jedoch vor allem eines: Wutenergie. Wer keinen Zugang zu dieser wertvollen Energie hat, grübelt vermutlich ewig herum, ohne zu einem Ergebnis zu kommen.

Doch auch der Prozess des Nachdenkens lässt sich vereinfachen und damit effektiver gestalten. Hierzu gibt es verschiedene Modelle, zum Beispiel das Gummibandmodell nach Mikael Krogerus und Roman Tschäppeler. Dieses eignet sich besonders für Situationen, in denen Sie sich zwischen zwei oder mehr – womöglich gleichermaßen attraktiven – Optionen entscheiden müssen. Welches der zwei interessanten Jobangebote, die Sie bekommen haben, wollen Sie annehmen? Sollen Sie in Ihrem schönen Haus am Stadtrand bleiben oder lieber in eine neue Wohnung ziehen, die näher an Ihrer Arbeitsstelle liegt? Für diese und ähnliche Fragen kann das Gummiband-Modell hilfreich sein.

Das Gummiband-Modell

Wahrscheinlich kennen Sie die Methode, eine Pro-und-Kontra-Liste zu erstellen, um zwischen den Vor- und Nachteilen von mehreren Möglichkeiten abzuwägen. Dieses Vorgehen hat jedoch gravierende Nachteile: Es ist eher unübersichtlich und häufig ist am Schluss nicht klar, wie die einzelnen Argumente gewichtet werden sollen. Sind die Pros wichtiger oder die Kontras? Sind die positiven Aspekte der einen Möglichkeit wichtiger als die der anderen?

Um das Verfahren übersichtlicher zu gestalten, können Sie die Gummiband-Methode anwenden. Diese basiert im Wesentlichen darauf, dass Sie nur die positiven, attraktiven Punkte für jede der Möglichkeiten auflisten. Was ein

Kontrapunkt für die eine Möglichkeit ist, kann ein positives Argument für die andere sein. Der Vorteil liegt auf der Hand: Mit diesem positiven und lösungsorientierten Ansatz haben Sie am Ende das Vergnügen, sich zwischen zwei (oder mehr) attraktiven Optionen zu entscheiden. Über eine Gewichtung der einzelnen Pros können Sie sich der Entscheidung weiter annähern. Der Fokus liegt auf den Vorteilen der verschiedenen Möglichkeiten.

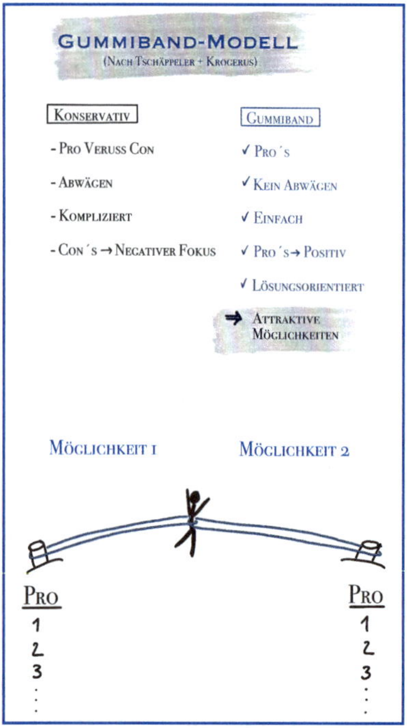

Das Gummiband-Modell – eine lösungsorientierte Entscheidungshilfe

Indem Sie sich in Ihrer Entscheidungsfindung auf die Argumente konzentrieren, die *für* eine Möglichkeit sprechen, halten Sie einen positiven Fokus. Zudem wird Ihre Liste deutlich klarer und übersichtlicher. All das macht den Prozess des Abwägens kürzer und effektiver. Ihre Wutenergie – konstruktiv eingesetzt – unterstützt Ihre Klarheit und Entscheidungsfähigkeit.

Der Gefrier-Effekt

Um Entscheidungen zu treffen gebrauchen wir Wutenergie. Es ist dabei wichtig, diese gezielt, konstruktiv und zum richtigen Zeitpunkt einzusetzen. Deutlich wird das, wenn wir uns mit dem Gefrier-Effekt beschäftigen, der zum Beispiel von Matthias Nöllke in „Psychologie für Führungskräfte" beschrieben wird.

Der Gefrier-Effekt ist ein psychologisches Phänomen. Er bezeichnet die Tatsache, dass wir uns von einmal getroffenen Entscheidungen ungern wieder trennen. Verlässlichkeit ist wichtig im beruflichen wie im privaten Bereich. Wir möchten gern den Eindruck von Stabilität erwecken.

Interessanterweise tritt der Gefrier-Effekt sogar dann ein, wenn wir uns nur vorläufig für etwas entschieden haben. Auch wenn wir nur eine erste Einschätzung gegenüber einer Sache geäußert haben, werden wir im weiteren Entscheidungsprozess nach Möglichkeit versuchen, bei dieser Einschätzung zu bleiben.

Gleichzeitig werden jedoch ständig neue Informationen an uns herangetragen und die Situation verändert sich. In vielen Fällen wäre es sinnvoll oder sogar notwendig, die früher getroffene Entscheidung zu überdenken und neu zu entscheiden. Den eingeschlagenen Weg gegebenenfalls zu ändern und den aktuellen Gegebenheiten anzupassen.

Wenn wir uns einmal – und sei es auch nur provisorisch – für etwas entschieden haben, bleiben wir jedoch häufig dabei. Es entsteht der angenehme Eindruck, dass die Angelegenheit „vom Tisch ist". Entscheidungen nicht nachzuverfolgen und erneut zu prüfen, kann gefährlich sein – insbesondere für Entscheidungsträger in verantwortlichen Positionen. Es bleibt wichtig, bereits getroffene Ausrichtungen im Auge zu behalten und gegebenenfalls Änderungen vorzunehmen.

Die neue Filiale

Herr Albers leitet seit einigen Jahren ein gut gehendes und beliebtes Restaurant in der Innenstadt, das vor allem von Studierenden und jungen Leuten besucht wird. Nun möchte er eine weitere Filiale in einem Nachbarort eröffnen. Dafür schaut er sich zwei verschiedene, zum Verkauf angebotene Lokale an. Das erste gefällt ihm bereits ausgesprochen gut. Dem Immobilienmakler gegenüber meldet er ein „vorläufiges Interesse" an, sagt jedoch, dass er sich erst noch das zweite Lokal anschauen möchte.

Tatsächlich entspricht auch die zweite Lokation seinen Vorstellungen. Diesmal verhält Herr Albers sich jedoch deutlich zurückhaltender und entscheidet sich schließlich recht schnell für die erste Möglichkeit. Nach der Eröffnung hat er allerdings Schwierigkeiten, das Geschäft zum Laufen zu bringen. Nach einiger Zeit muss er sich eingestehen, dass er eine Fehlentscheidung getroffen hat: Zwar ist das Lokal, für das er sich entschieden hat, hell und geräumig und hat eine gut ausgestattete Küche. Jedoch liegt es in einem Viertel, in dem eher ältere Menschen wohnen – anders als das andere Lokal, das sich nicht weit von der Universität befindet.

Im Rückblick auf seine Entscheidung erkennt Herr Albers, dass der Grund für seine Wahl vor allem der war, dass er dem Immobilienmakler bereits eine vorläufige Zusage gegeben hatte. Er hatte sich unwohl dabei gefühlt, seine Meinung wieder zu ändern, da er nicht unzuverlässig erscheinen wollte. Aus diesem Grund hatte er es versäumt, beide Optionen gründlich zu prüfen.

Der Gefrier-Effekt kann sich in vielen Situationen nachteilig auswirken. Es ist wichtig, sich erst dann für etwas zu entscheiden, wenn tatsächlich alle Informationen eingeholt sind. Bei vorläufigen Entscheidungen ist es empfehlenswert, diese weiter als noch nicht abgeschlossen zu betrachten und nachzuverfolgen. Dadurch wird die Gefrier-Effekt-Falle vermieden.

Gelegentlich ist das nicht möglich. Manchmal sind wir uns gar nicht bewusst, dass wir etwas nur vorläufig festgelegt haben. Situationen verändern sich, manchmal liegen Informationen erst vor, nachdem die Entscheidung bereits gefallen ist. Das ist nicht weiter problematisch, wenn das Auftauchen des Gefrier-Effektes mit in Betracht gezogen wird. Auf diese Weise erkennen Sie, wann es wichtig ist, Ihre Wutenergie erneut zu aktivieren. So können Sie sich Klarheit zu der nun bestehenden Situation verschaffen und eine Entscheidung treffen, die konstruktiv und der veränderten Situation angemessen ist.

Abgrenzung und Konsequenz

Sich abzugrenzen bedeutet, sich selbst zu schützen, zur eigenen Meinung und den für sich getroffenen Entscheidungen zu stehen. Dazu gehört auch, sich nicht gegen seinen eigenen Willen beeinflussen zu lassen und Manipulationsversuche zurückzuweisen.

Die Fähigkeit, Grenzen zu setzen und Konsequenzen zu ziehen ist wichtig und notwendig, sowohl in zwischenmenschlichen Beziehungen wie auch sich selbst gegenüber. Insbesondere in Situationen, in denen Sie Verantwortung für andere tragen, ist es essenziell, einen klaren Rahmen zu schaffen. Es ist wichtig, für getroffene Entscheidungen einzustehen – sei es nun als Vorgesetzte/r Ihren Mitarbeitern gegenüber, in Freundschaften, in der Beziehung oder im Umgang mit den eigenen Kindern. Mehr dazu finden Sie auch unter „Durchsetzungsvermögen“ auf Seite 118.

Sich abzugrenzen oder Konsequenzen ziehen funktioniert, wie auch das Treffen von Entscheidungen, mit Wutenergie. Das bedeutet nicht zwangsläufig, dass Sie Ihre Wut durch Ihren Gesichtsausdruck, Ihre Stimme oder Ihre Körperhaltung ausdrücken müssen. Häufig ist das Maß an Wutenergie, das benötigt wird, um eine Grenze zu setzen, gering. Dadurch wird diese Energie im klassischen Verständnis gar nicht als Wut bemerkt.

Konsequenzen werden nicht nur anderen gegenüber getroffen, wichtig ist es, auch sich selbst gegenüber konsequent zu sein. Nur so erreichen wir hochgesteckte Ziele und außergewöhnliche Leistungen.

Entscheidend für das Aufzeigen von Grenzen oder das Ziehen von Konsequenzen sind zwei Punkte:

- Üben Sie, schon die geringe eigene Wut wahrzunehmen. Diese informiert Sie darüber, dass eine Handlung notwendig ist.
- Lernen Sie, die eigene Wut bewusst zu aktivieren. Damit wird es möglich, bei Bedarf eine deutliche Grenze zu setzen und klare Konsequenzen zu ziehen (siehe „Wut bewusst erzeugen und wieder loslassen“, Seite 75).

Mit diesen Fähigkeiten wird es leichter, eine Grenze wie auch eine Konsequenz

- rechtzeitig
- klar
- freundlich und respektvoll

auszusprechen. Sie haben das Buch bis hierher gelesen. Das beweist, dass Sie Durchhaltevermögen haben. Bleiben Sie dran. Übung macht den Meister!

Die konstruktive Lösung

Herr Frisch ist mit seinen aktuellen Arbeiten völlig ausgelastet. Sein Chef überträgt ihm dennoch die Verantwortung für ein neues Projekt. Herr Frisch hat ein aufbrausendes Temperament. Beinahe hätte er seinen Vorgesetzten unfreundlich zur Rede gestellt. Gerade noch rechtzeitig wird ihm bewusst, dass dies ebenso kontraproduktiv wäre, wie das Projekt stillschweigend zu übernehmen, ohne dafür noch Kapazitäten zu haben.

Er vereinbart mit dem Chef einen Termin, den er gut vorbereitet. Sachlich legt Herr Frisch darin seine derzeitigen Projekte dar. Er nutzt seine Wutenergie für Klarheit und vermittelt freundlich, dass er die weitere Aufgabe nur übernehmen kann, wenn er dafür ein anderes Thema abgibt. Hierzu stellt er verschiedene Lösungsmöglichkeiten vor. Gemeinsam mit dem Vorgesetzten entwickelt er eine Strategie, mit der das zusätzliche Projekt fristgerecht und erfolgreich umgesetzt werden kann.

Grenzen formen unsere Realität. Wenn Sie erkennen können, wo eine Grenze notwendig ist und diese rechtzeitig und konsequent setzen, schaffen Sie einen klaren und verlässlichen

Rahmen für sich selbst und andere Menschen. Bereits Kinder testen instinktiv aus, wo die Grenzen der Erwachsenen verlaufen. Wenn keine klaren Regeln mit festgelegten Spielräumen vorhanden sind, entsteht Unsicherheit. Dies verdeutlicht das nachfolgende Bild:

GRENZEN SETZEN

GUMMI-GELÄNDER

=

KEINE GRENZE, DIE HÄLT

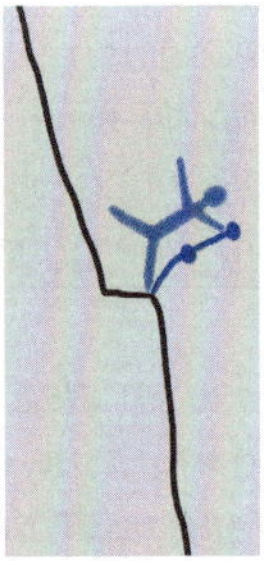

Ein Bergsteiger geht auf einem schmalen Pfad an einem steilen Abgrund. Vor der Tiefe schützt ein Geländer. Als der Wanderer stolpert und nach dem Geländer greift, gibt dieses nach. Es ist nicht aus Metall und stabil, sondern aus Hartgummi.

Ähnlich fühlt es sich an, wenn Grenzen nicht halten oder vage sind. Dies passiert dann, wenn unklar ist, was akzeptabel oder angemessen ist. Für Kinder sind diese Situationen besonders schwierig. Häufig sind unklare oder fehlende Regeln die Ursache dafür, dass Menschen eine Situation mit lautem Reden oder auch durch auffälliges Verhalten zu dominieren versuchen. Hier wird eine Konsequenz provoziert, nach einer Grenze gesucht.

Manche Menschen haben Skrupel, sich klar abzugrenzen. Sie befürchten, unfreundlich oder unhöflich zu sein und damit den Eindruck zu erwecken, den anderen zurückzuweisen. Das Setzen von Grenzen ist eng damit verbunden, Verantwortung zu übernehmen. Dieser Begriff ist teilweise negativ belegt. Verantwortung birgt das Risiko, Fehler zu begehen und falsche Entscheidungen zu treffen. Verantwortung für die eigenen Entscheidungen zu übernehmen und dafür einzustehen bedeutet jedoch auch, eigene Wege zu gehen und das Leben aktiv zu gestalten. Dies gilt sowohl für Führungskräfte mit Personalverantwortung wie auch in allen persönlichen, privaten Bereichen.

Der kreative Mitarbeiter

Frau Walter ist die Inhaberin eines Tourismusbüros in einer Stadt am Meer, das Tagesausflüge und längere Exkursionen für Besucher anbietet. Da das Büro gut läuft und seit einiger Zeit immer mehr Kundschaft hat, stellt sie einen neuen Mitarbeiter ein. Herr Schmid hat gerade seine Ausbildung erfolgreich abgeschlossen. Er bringt über seine gute Qualifikation sehr viele, innovative Ideen in das Unternehmen ein. Bereits nach kurzer Zeit fängt er an, Vorschläge für neue Konzepte zu machen.

Frau Walter freut sich über sein Engagement, merkt jedoch, dass ihr neuer Angestellter zu einigen Themen noch nicht über die notwendige Erfahrung verfügt. So fällt es ihm mitunter schwer, die tatsächlichen Interessen der Besucher genauer einzuschätzen. Im ersten Moment hat Frau Walter daher den Impuls, seine Vorschläge komplett abzulehnen. Zugleich möchte sie ihren neuen Mitarbeiter nicht zu sehr ausbremsen.

Nach einigem Überlegen erstellt Frau Walter einen konkreten Plan. Sie gibt Herrn Schmid klar umrissene Aufgaben. So lässt sie ihn Teile von neuen Angeboten entwickeln, jedoch noch keine Gesamtkonzepte. Gleichzeitig gibt sie ihm mehr organisatorische und administrative Aufgaben. Darüber hinaus ermutigt sie ihren Mitarbeiter zur Zusammenarbeit, indem sie ihn in Entscheidungen mit einbezieht und nach seiner Meinung fragt. Auf diese Weise ist es möglich, Herrn Schmids kreative Impulse umzusetzen, was diesen sehr motiviert. Gleichzeitig bringen diese Ideen das Unternehmen voran. Frau Walters Aufwand, einen klaren Rahmen zu setzen, hat sich für alle Seiten gelohnt.

Dieses Beispiel verdeutlicht, dass das sinnvolle Setzen von Grenzen ein gewisses Maß an Energie und Selbstvertrauen erfordert. Darüber hinaus ist die Wahrnehmung hilfreich, wo und auf welche Weise das Setzen einer Grenze förderlich ist. So hätte Frau Walter die Situation auch lösen können, indem sie die Impulse ihres Mitarbeiters kurzerhand zurückweist. Stattdessen lehnt sie die neuen Ideen nicht rundweg ab, sondern schafft einen klaren Rahmen. Damit kann der junge Mann sich ausprobieren und einbringen. Auf diese Weise kann sie ihn dabei unterstützen, sein Potenzial zu entwickeln und dieses für ihr Unternehmen nutzen.

Sobald eine Entscheidung getroffen worden ist, erfordert das Einhalten eine gewisse Kompromisslosigkeit. So ist es im obigen Beispiel möglich, dass Frau Walters junger Mitarbeiter im ersten Moment frustriert oder verunsichert reagiert. Insbesondere, wenn er weniger kreative Aufgaben zugewiesen bekommt. Gerade für empathische Menschen können emotionale Reaktionen auf eine gesetzte Grenze manchmal schwer auszuhalten sein. Dennoch ist es wichtig, Grenzen zu setzen und einzuhalten, auch wenn dies mitunter unangenehm ist. Sich auf die eigene, konstruktive Wutenergie zu besinnen hilft dabei.

Übung

Grenzen zu setzen und sich abzugrenzen ist wichtig in vielen Lebensbereichen. Mit Hilfe der folgenden Übung können Sie Ihre Wahrnehmung dafür verfeinern, wann und wo Grenzen sinnvoll sind.

Setzen Sie eine Woche lang täglich bewusst eine Grenze. Notieren Sie, welche Grenze Sie gesetzt haben und stellen Sie sich dabei folgende Fragen:

- *Welchen Effekt hatte das Setzen einer Grenze auf die Situation?*
- *Konnten Sie Ihre Grenze auf eine deutliche und zugleich freundliche, respektvolle Weise kommunizieren?*
- *Wurde die Grenze lösungsorientiert gesetzt?*
- *Was war die Motivation für die Grenze? Verärgerung? Bequemlichkeit? Manchmal lehnen wir etwas ab, um in unserer „Komfortzone" zu bleiben und uns mit Dingen nicht näher beschäftigen zu müssen.*
- *Haben Sie die Grenze rechtzeitig gesetzt oder erst im letzten Augenblick? Wenn eine Person davon abgehalten*

werden soll, das Haus zu betreten, dann sollte sie bereits am Gartentor aufgehalten werden und nicht erst im Flur.

- *Wie gut ist es Ihnen gelungen, für die einmal gesetzte Grenze einzustehen und die Grenze zu halten?*
- *Ist es Ihnen gelungen, sich selbst gesetzte Grenzen einzuhalten?*

Abgrenzung bei Angriffen

Ein verbaler Angriff ist eine weitere Situation, in der es wichtig ist, sich abgrenzen zu können. Wenn etwas unterstellt wird, ein Vorwurf im Raum steht oder eine häufig subtile Unterstellung ausgesprochen wird. Eine diplomatische Möglichkeit, damit umzugehen ist, das Gesagte als Meinung zu wiederholen: „Sie finden also, dass das Projekt nicht detailliert genug ausgearbeitet ist". Dadurch passieren zwei Dinge:

- Die Person, die den Vorwurf ausspricht, fühlt sich gehört. Sie hat die Möglichkeit, das Gesagte zu korrigieren oder auch zu bekräftigen.
- Zugleich wird verdeutlicht, dass es sich bei dem Gesagten um eine Meinung handelt und nicht um einen Fakt.

> **!** Grenzen setzen schafft Klarheit. Für sich selbst und für die anderen.

Natürlich können Sie nicht nur anderen, sondern auch sich selbst Grenzen setzen. Mehr dazu finden Sie im folgenden Abschnitt „Klarheit und Selbstdisziplin".

Klarheit und Selbstdisziplin

Wir gebrauchen Wutenergie, um Klarheit zu finden. Für uns selbst und für andere Menschen. Und wir brauchen sie auch, um konsequent und diszipliniert Ziele zu erreichen und/oder Veränderung herbeizuführen.

Klarheit

Um uns weiterentwickeln zu können, ist es unerlässlich, Klarheit zu haben über uns selbst wie auch über die Situation. Wir brauchen Klarheit einerseits über unsere Ziele und Absichten (siehe „Absicht“, Seite 80) und andererseits über unser tatsächliches Handeln und Verhalten. Manchmal kann es unangenehm sein, sich über etwas „klar zu werden“. Um dennoch hinzusehen und gegebenenfalls eine Entscheidung zu treffen, braucht es Entschlusskraft. Diese können wir mit unserer Wutenergie in Gang setzen.

Ein hilfreiches Mittel der Selbstbeobachtung ist es, unsere Absichten zu prüfen. Schauen Sie sich Ihre Handlungen und Aktionen an. In welcher Absicht tun Sie, was Sie tun?

Wenn Sie sich Ihrer Absicht bewusst waren, ist es wahrscheinlich, dass das Ergebnis Ihrer Aktion damit übereinstimmt. Umgekehrt kann es sich lohnen, noch einmal genauer hinzuschauen, wenn eine Handlung unerwünschte Folgen hat. Möglicherweise war dann eine versteckte oder unbewusste Absicht im Spiel.

Selbstdisziplin

Klarheit zu haben über Ziele und Absichten ist erforderlich, um sich auf das gewünschte Ergebnis auszurichten und die einzelnen Schritte abzustimmen. Um das angestrebte Ziel zu erreichen, braucht es eine weitere wichtige Eigenschaft: Disziplin.

Selbstdisziplin bezeichnet laut Wikipedia ein stetiges und eigenkontrolliertes Verhalten. Dies dient dazu, einen Zustand aufrechtzuerhalten oder herbeizuführen. Dafür bedarf es einer Anstrengung, den Ablenkungen von dem angestrebten Ziel entgegenzuwirken. Studien gehen davon aus, dass die Grundlage hierfür in der Kindheit gelegt wird (vergl. Dunedin-Studie aus Neuseeland von 2011).

Selbstdisziplin ist demnach ein entscheidender Faktor für Erfolg. Gelingt es, diese zu steigern, erhöht sich dadurch die Wahrscheinlichkeit, ein Projekt zum Abschluss zu bringen oder Verhaltensweisen und Gewohnheiten zu ändern.

Der Schlüssel hierzu ist erneut der geübte Umgang mit der Wutenergie, denn auch hinter Disziplin stecken Entscheidungen, beispielsweise:

- unbequeme Themen anzugehen,
- für das gesetzte Ziel die berühmte „Meile mehr" zu gehen,
- sich weniger angenehmen Tätigkeiten zu stellen oder
- „am Ball bleiben", Projekte zu Ende zu bringen.

Hinter all dem stehen, neben der Fähigkeit, Entscheidungen zu treffen, auch Selbstkontrolle, Gewissenhaftigkeit und Ausdauer. Hierfür sind Entscheidungen und Grenzen notwendig, sowohl anderen wie auch sich selbst gegenüber.

Beispiele dafür gibt es viele: Sportliche Tätigkeiten, bei welchen ein herausforderndes Fitnessziel angestrebt wird, mit dem Rauchen aufhören, morgens aufstehen, wenn der Wecker klingelt oder ein verfahrenes Projekt zu strukturieren und wieder auf Kurs zu bringen.

Das menschliche Verhalten ist darauf ausgelegt, Schmerz und unkomfortable Situationen zu vermeiden. Das schützt vor Verletzungen und Schaden. Für den weniger bequemen Weg, die Unannehmlichkeiten, braucht es das passende Quäntchen Wutenergie für die Entscheidung: Vor der Arbeit zu trainieren, auf die verlockende nächste Zigarette zu verzichten, das unbequeme Projekt aufzugreifen und voranzubringen.

Allein dafür ist es wertvoll, den Umgang mit der Wutenergie zu trainieren. Dass es sich bei dieser Energie tatsächlich um Wut handelt, kann man zum Beispiel bei Menschen erkennen, die plötzlich anfangen aufzuräumen, wenn sie sich ärgern. Entscheidungen treffen, die sie bisher aufgeschoben haben, oder Kräfte mobilisieren, die vorher scheinbar nicht zur Verfügung standen.

Das Wissen, dass hinter Disziplin Wutenergie steht, kann viele neue Möglichkeiten eröffnen. Vor allem dann, wenn wir uns erinnern, dass es für Wut keinen Impuls von außen braucht.

> *Tipp:*
> *Starten Sie ein kleines Forschungsprojekt, um mehr über sich selbst zu erfahren: Welche Tätigkeit üben Sie wirklich gern oder sogar mit Begeisterung aus? Wählen Sie statt einem großen, komplexen Thema lieber etwas Schlichtes, wie Berichteschreiben oder Fenster putzen. Hinterfragen Sie, was genau Ihnen daran Vergnügen bereitet. Beim*

Berichteschreiben kann es beispielsweise die Übersichtlichkeit des Ergebnisses sein oder das Abschließen eines Vorgangs. Es kann auch das Schreiben an sich auf Ihrem Notebook oder auf Papier sein. Finden Sie so präzise wie möglich heraus, was Sie daran motiviert.

Nutzen Sie diesen grundlegenden Motivator und aktivieren Sie damit Ihre Disziplin. Finden Sie Möglichkeiten, diesen Trigger an den Stellen einzubauen, an denen Ihnen Disziplin schwerfällt. Sein Sie kreativ dabei, Ihre Disziplin zu aktivieren. Testen Sie Ihren persönlichen Motivator in der folgenden Übung:

Übung

Erstellen Sie für ein Vorhaben Ihrer Wahl einen Projekt-Plan. Es muss kein großes Projekt sein. Sollten Sie Herausforderungen mögen, wählen Sie ein Anliegen, dass Sie schon geraume Zeit auf die „lange Bank" geschoben haben.

Der Projektplan sollte über eine grobe Einteilung hinausgehen, also auf kleine Teilschritte heruntergebrochen sein. Der Zeitrahmen sollte sowohl die angestrebte Fertigstellung wie auch die Zeit für die Zwischenergebnisse berücksichtigen.

Welche Teilschritte sind besonders herausfordernd für Sie? Hier kommt das Thema Disziplin zum Tragen. Aktivieren Sie Ihre Wutenergie für Disziplin. Planen Sie gleichzeitig eine Belohnung ein, die Sie sich dann gönnen, wenn Sie den besonders schwierigen Abschnitt in Angriff genommen haben und fristgerecht abschließen.

Viel Vergnügen und Erfolg!

Wut bewusst erzeugen und wieder loslassen

Wichtig ist das Bewusstsein, dass es keinen Auslöser, keine Geschichte braucht, um Wut zu aktivieren. Mit Übung ist es jederzeit möglich, Wut zu erzeugen, sie gezielt einzusetzen und auch wieder loszulassen. Seien Sie sich bewusst, dass Sie die Macht über Ihre Wut haben. Sie können jederzeit entscheiden, ob und wofür Sie Ihre Wut erzeugen und einsetzen wollen.

Pure Wutenergie können wir mit etwas Übung bewusst hochfahren und ebenso bewusst wieder herunterfahren. Diese Fähigkeit ist uns häufig nicht gewahr.

Es geht darum, zunächst mit wenig Wut umgehen zu lernen und sich seiner Wut bewusst zu werden.

Erfolg im Umgang mit Wut wird erzielt, wenn schrittweise geübt wird:

- *Kleine Wut wahrnehmen, zum Beispiel, wenn Sie etwas auswählen: im Supermarkt ein Produkt oder einen der Stühle im Besprechungsraum – also eine relativ kleine, unwichtige Entscheidung treffen.*
- *Bemerken, wenn kein Zugang zur Wut vorhanden ist. Beispielsweise in einem Lokal bei der Bestellung lange keine Entscheidung treffen zu können. Oder in einer Besprechung sich nicht zu Wort melden trauen – aus welchem Grund auch immer.*
- *Mit der „kleinen" Wut üben: Gezielt andere Entscheidungen treffen als gewohnt. Beispielsweise ein Kleidungsstück aus dem Schrank wählen, das Sie schon*

lange nicht mehr getragen haben. Oder in ein neues Lokal gehen statt in das gewohnte Stammcafé. Oder die neuen Nachbarn zum Kaffee einladen. Welche Möglichkeiten finden Sie darüber hinaus?

- *Mit der großen Wut Stimmübungen durchführen. Das kann durchaus sehr laut werden. Dies hilft, ein Körpergefühl für Wut zu bekommen. Dadurch wird es frühzeitig möglich, Wut zu bemerken. Die Wahrnehmungsschwelle (siehe Seite 25) wird gesenkt.*
  Beachten Sie bei dieser Übung, dass Sie niemanden erschrecken. Gehen Sie dafür in den Keller oder in den Wald. Achten Sie auf Ihre Umgebung.

Nehmen Sie sich kleine Schritte vor und setzen Sie diese in die Tat um. Sie verfügen bereits über gute Fähigkeiten im Umgang mit Ihrer Wut. Bauen Sie diese aus und feiern Sie ihre Erfolge!

! Mit Klarheit erkennen wir Grenzen, mit Konsequenz halten wir Grenzen, mit Disziplin wachsen wir über Grenzen hinaus.

Auf den Punkt gebracht

Wut wahrzunehmen ist der Schlüssel, um mit dieser Energie arbeiten und lösungsorientiert umgehen zu können. Sowohl mit der eigenen Wut wie auch der anderer Personen.

Für innere Stärke – Resilienz – lässt sich Wut hervorragend positiv einsetzen. Ein Zusammenhang, der erst auf den zweiten Blick sichtbar wird und ganz neue Perspektiven eröffnen kann.

Wir kommen der Wut auf die Spur, wenn wir Entscheidungen als eine Handlung betrachten, für die eine – meist nur sehr geringe – Menge Wutenergie benötigt wird. Diese Wut in „homöopathischer" Dosis wird meist unbewusst eingesetzt und ist nur mit Übung wahrnehmbar.

Sehr unterstützend ist das Gummiband-Modell von Tschäppeler und Krogerus, das verschiedene Wahlmöglichkeiten statt als schweren Entscheidungsvorgang als verlockende Alternativen definiert. Nutzen Sie Ihre Wutenergie in Verbindung mit diesem Modell und der Entscheidungsprozess wird zum Vergnügen.

Wenn versäumt wird zu bemerken, dass eine Entscheidung nur provisorisch und nicht endgültig ist, kann der Gefriereffekt eintreten. Dieser wiegt uns in Sicherheit, da ja eine Entscheidung getroffen wurde. Die Vorläufigkeit kann sich zur Falle entwickeln, wenn wir versäumen, die Entscheidung nachzuverfolgen und deren Tragfähigkeit erneut zu prüfen.

Sowohl für Abgrenzung und Grenzen setzen wie auch für eine konsequente Haltung wird Wutenergie benötigt. Damit formen wir unsere Realität und schaffen einen klaren und verlässlichen Rahmen für uns selbst wie auch für andere.

Klarheit und Selbstdisziplin sind wertvolle Ressourcen um Ziele zu erreichen und Veränderungen umzusetzen. Dies verdeutlicht, wie wertvoll es ist, den Umgang mit Wut zu üben. Statt die Wutenergie abzulehnen ist es sinnvoll, den gezielten, positiven Einsatz dieser wertvollen Kraft zu schätzen und Wutenergie bei Bedarf bewusst zu erzeugen.

Erfolg mit Wut – Fünf Schritte für den bewussten Umgang

Erfolgreiche Menschen zeichnen sich unter anderem dadurch aus, dass sie einen guten Umgang mit ihrer Wut gefunden haben. Auch wenn dies gegebenenfalls nicht oder nur teilweise bewusst ist, setzen sie ihre Wutenergie fokussiert und auf konstruktive Weise ein, um ihre Ziele zu erreichen.

Dieses Kapitel beleuchtet fünf Aspekte, die hilfreich sind, um ein feineres Verständnis für Wutenergie zu entwickeln.

Wichtig ist die zugrundeliegende **Absicht**, die relevant ist für den destruktiven oder den lösungsorientierten, konstruktiven Einsatz der Wutenergie. Hilfreich ist die Unterscheidung zwischen bewusster und unbewusster Absicht, auf die in diesem Kapitel eingegangen wird.

Auch die **Akzeptanz von Wut** werden wir noch einmal näher beleuchten. Wie bereits erwähnt, ist es in unserer Kultur üblich, Wut eher abzulehnen und als negativ zu betrachten. Aus diesem Grund kann es passieren, dass dieses Gefühl unbemerkt bleibt oder verdrängt wird. Wenn Sie sich dieses Prozesses bewusst sind, steht Ihre wertvolle Wutenergie für Lösungen und fokussiertes Handeln zur Verfügung.

Grundlegend ist, dass die Wut in ihrer „reinen" Form eingesetzt und nicht mit anderen Gefühlen vermischt wird. Die Energie von **vermischten Gefühlen** ist nicht nutzbar.

Auch die **Quantität** – also der Prozentsatz der Wutenergie – spielt eine große Rolle dabei, ob Wut sinnvoll eingesetzt werden kann.

Gefühl oder Emotion? Es ist wichtig, den Unterschied zu verstehen. Denn im Gegensatz zum gängigen Verständnis ist das keineswegs das Gleiche. Nur ein Gefühl kann gezielt und konstruktiv eingesetzt werden, jedoch nicht eine Emotion.

1. Absicht

Intention kommt vom lateinischen „intendere“: Das Streben auf etwas richten, eine Absicht haben. Erfolgreiche Menschen zeichnen sich fast immer dadurch aus, dass Sie genau wissen, was sie wollen und wozu sie etwas tun. Eine Klarheit, für die sie ihre Wutenergie einsetzen.

In der Regel sind wir uns darüber bewusst, welches Ergebnis wir wünschen. Seltener hinterfragen wir, mit welcher Absicht wir unterwegs sind. Wenn wir ein bestimmtes Projekt in die Tat umsetzen wollen, ist es hilfreich, vorher festzulegen:

1. Welches Ergebnis möchten wir erzielen?
2. Was ist unsere Absicht dahinter?
3. Wofür kann hier Wut dienlich sein?

Diese Struktur bietet eine gute Kurz-Analyse für ein Vorhaben. Wie das nachfolgende Beispiel verdeutlicht, ist meist das angestrebte Ergebnis klar. Die Absicht jedoch nicht.

> ***Der Zeitplan – und die unbewusste Absicht***
> *Frau Sola beruft eine Besprechung mit ihren Mitarbeitern ein. Für das aktuelle Projekt soll gemeinsam ein Zeitplan erstellt werden. Entsprechend ist die Einladung zu diesem Meeting formuliert und versendet.*

Allerdings ist sich Frau Sola über ihre Absicht hinter der Erstellung des Zeitplanes nicht im Klaren: Sie ahnt, dass es zunehmend Unstimmigkeiten in der Zusammenarbeit gibt. Unbewusst hofft sie, diese durch das Erstellen des Zeitplanes klären zu können. Da ihr diese Absicht jedoch selbst nicht bewusst ist, kann sie sie auch nicht aktiv verfolgen. Am Ende des Meetings ist der Zeitplan zwar erstellt worden – die Stimmung unter den Mitarbeitern ist jedoch unverändert schlecht.

Das angestrebte Ergebnis unterscheidet sich also deutlich von der Absicht. Es ist von Fall zu Fall abzuwägen, ob wir unsere Absicht bekannt geben wollen oder nicht. Wichtig ist jedoch, uns selbst unsere Absicht vor dem Handeln bewusst zu machen. Für die Entscheidung, welche Absicht wir verfolgen möchten, ob wir diese bekannt geben und wie wir diese Absicht umsetzen, benötigen wir Klarheit, also Wut.

Der Zeitplan – mit bewusster Absicht

Frau Sola beruft erneut eine Besprechung mit ihren Mitarbeitern ein. Zu dem aktuellen Projekt sollen die nächsten Schritte besprochen werden. Als Ergebnis wünscht sich Frau Sola einen Zeitplan für die nächsten drei Monate, der gemeinsam verabschiedet werden soll. Entsprechend ist die Einladung zu dieser Besprechung formuliert und versendet.

Frau Solas Absicht hinter dem Meeting ist nicht offensichtlich für ihr Team: Ihr ist aufgefallen, dass es zunehmend Unstimmigkeiten in der Zusammenarbeit gibt. Über das Besprechen des Zeitplans möchte sie herausfinden, woher die Differenzen kommen und diese idealerweise klären.

Geschickt hinterfragt Frau Sola während der Besprechung Hintergründe und Stressfaktoren. Daraus leitet sie verschiedene Aktionen ab, die das Team entlasten und bei der Arbeit unterstützen. Missverständnisse werden ausgeräumt. Am Ende liegt nicht nur ein klarer Zeitplan vor, sondern die Stimmung ist insgesamt deutlich entspannter als zu Beginn der Besprechung.

Durch das Festlegen einer Absicht richten wir den Fokus auf mehr als nur das Ergebnis. Wir setzen damit ein Ziel, dass über das Ergebnis hinausgehen kann.

Ist die Absicht nicht klar, bedeutet das nicht, dass es keine Absicht gibt. Die Absicht ist unbewusst und entsprechend ist das Handeln unbewusst. Was möglicherweise zu anderen Ergebnissen führt als beabsichtigt. Wie die beiden vorangegangenen Beispiele mit Frau Sola zeigen.

> **!** Nur eine bewusste Absicht führt zu einer bewussten Handlung.

2. Wut akzeptieren

Wenn davon ausgegangen wird, dass Wut unzivilisiert, zerstörerisch und unangemessen ist (vergleiche „Wut – Alte Sichtweise", Seite 12), dann ist es naheliegend, dass Wut abgelehnt wird. Doch was passiert, wenn Wut unterdrückt wird?

Wie bereits deutlich geworden ist, ist bewusst und geübt eingesetzte Wutenergie ein essenzielles Werkzeug, mit dem viel erreicht werden kann. Wobei natürlich auch bewusste Wut aggressiv eingesetzt werden kann.

Unbewusste Wut wird dagegen meist unkontrolliert oder aggressiv wirken. Denn Energie lässt sich zwar unterdrücken, verschwindet dadurch jedoch nicht. Machen wir uns unsere Wut bewusst und nutzen sie – idealerweise konstruktiv – so stehen neue, andere Möglichkeiten zur Verfügung (vergleiche „Wut – Neue Sichtweise", Seite 13). Das öffnet die Türen zu neuen Betrachtungs- und Handlungsweisen. Deshalb ist es wichtig, Wut als neutrale Energie anzunehmen und ihr Auftauchen wahrzunehmen. Wenn die Aufmerksamkeit für Wut geschärft ist und dieses Gefühl frühzeitig bemerkt wird, besteht die Wahl, ob und wofür diese starke Energie verwendet wird.

Insbesondere zwei Gefühlszustände können darauf hinweisen, dass wir gerade dabei sind, unsere Wutenergie zu unterdrücken, anstatt sie bewusst und sinnvoll einzusetzen: Verwirrung und Frustration. Aber worum handelt es sich dabei genau?

Verwirrung

Den Zustand der Verwirrung kennen die meisten Menschen. Er stellt sich in den verschiedensten Momenten ein: Wenn schwierige Entscheidungen zu treffen sind, wenn andere Menschen sich unerklärlich zu verhalten scheinen oder wenn zwei sich logische Aussagen widersprechen und man nicht weiß, welche davon man glauben soll. Gerade in der zunehmend beschleunigten Arbeitswelt unserer Zeit entstehen Situationen mit Verwirrungspotential. Was genau ist Verwirrung? Wie können Sie sie als Werkzeug für konstruktive Veränderung begreifen und nutzen?

Verwirrung kann nahezu unerträglich sein. Sie kann mit verschiedenen Zuständen einhergehen: Ratlosigkeit, Hilflosigkeit, im Zwiespalt sein, Chaos, Kopflosigkeit, Überforderung, Unruhe oder Desorientierung. Alle diese Gefühle sind ein Hinweis auf unterdrückte Wut, die sich überraschenderweise häufig hinter Verwirrung verbirgt.

Da Wut jedoch lange als inakzeptabel betrachtet wurde, ist sie unpopulär. Wut wird ausgeblendet, nicht wahrgenommen. Es ist schwer, sich einzugestehen, dass etwas derartig Unakzeptables wie Wut vorhanden ist (siehe „Wut – Neue Sichtweise", Seite 13). Darüber hinaus ist es schwer möglich, die Wut wahrzunehmen, wenn ihr Prozentsatz unter der Wahrnehmungsschwelle liegt. (siehe „Wahrnehmungsschwelle", Seite 25). Je geübter Menschen in der Nutzung ihrer Wutenergie sind, umso rascher können sie sich aus dem Zustand der Verwirrung befreien.

Übung

In welchen Situationen haben Sie sich in letzter Zeit verwirrt gefühlt? Nehmen Sie sich einen Stift und ein Blatt Papier zur Hand und machen Sie eine Liste. Beginnen Sie jeden Satz mit „Ich bin/war verwirrt, weil...".

Denken Sie noch einmal daran, wie es war, als Sie sich zum letzten Mal verwirrt gefühlt haben. Möglicherweise waren Sie dabei sogar ein wenig gereizt. Auch hier wird deutlich, dass Verwirrung sehr viel mit Wut zu tun hat. Zu merken, dass man verwirrt ist, kann Wut hervorrufen. Dieser Effekt ist durchaus positiv: Denn Wut ist die Energie, die Sie brauchen, um die Verwirrung zu beenden.

Sehen Sie sich Ihre Liste noch einmal genau an und erinnern Sie sich, wie Sie sich in den jeweiligen Situationen gefühlt haben. Nun schreiben Sie zu jedem Satz einen zweiten, in dem sie „verwirrt" durch „wütend" ersetzen: „Ich habe/hatte Wut, weil…".

Auf diese Weise können Sie sich der Wutenergie bewusstwerden, die der Verwirrung wahrscheinlich zugrunde liegt. Diese kann in Zukunft dazu genutzt werden, den Zustand der Verwirrung zu beenden und konstruktive Veränderungen herbeizuführen.

Verwirrung hat sehr viel damit zu tun, eine Entscheidung nicht treffen zu können oder zu wollen. Sie ist ein deutlicher Hinweis darauf, dass eine Veränderung gebraucht wird und dass Klarheit fehlt. Dies ist eine gute Gelegenheit für den konstruktiven Einsatz von Wutenergie. Beginnen oder beenden Sie mit Ihrer Wut eine Situation und setzen Sie etwas in Bewegung. Nutzen Sie Ihre Wutenergie für mehr Klarheit. Möglicherweise nur für sich selbst, möglicherweise auch für ein großes Projekt. Erinnern Sie sich: Die Wutenergie ist im Zustand der Verwirrung selbst schon enthalten. Sie müssen sich ihrer nur bewusstwerden und sie gezielt einsetzen (wollen).

Darüber hinaus gibt es noch eine gänzlich andere, interessante Option: Die Entscheidung, sich im Moment nicht zu entscheiden. In manchen Situationen resultiert Verwirrung auch daraus, dass noch nicht alle notwendigen Informationen und Fakten bekannt sind und sich deshalb noch keine sinnvollen Alternativen finden lassen.

Das kann zum Beispiel dann der Fall sein, wenn auf eine Ausschreibung mehrere Angebote eingegangen sind, von denen keines wirklich attraktiv ist. Hier kann es wertvoll sein, zu prüfen, was genau fehlt oder zu ändern ist, damit die Angebote passend und ansprechend sind.

Sie prüfen genau, wofür Sie Ihr Geld ausgeben. Prüfen Sie ebenso gründlich, wo und wie Sie Ihre Wutenergie einsetzen.

> **!** Unterdrückte Wut äußert sich mitunter in Verwirrung. Bewusst und konstruktiv eingesetzte Wut kann diesen Zustand beenden.

Frustration

Unterdrückte Wut kann neben Verwirrung auch zu Frustration führen. Frustration tritt besonders häufig auf in Situationen, in denen ein Ziel nicht erreicht wird oder etwas nicht zu bekommen ist. Darüber hinaus auch in Situationen, die Hilflosigkeit verursachen und in denen die äußeren Gegebenheiten nicht so wie gewünscht sind. In diesen Situationen braucht es Wutenergie, um Klarheit zu erlangen und eine Veränderung herbeizuführen. Mit dem Treffen der Entscheidung wird die Situation entweder verändert – oder die Option gewählt, sich mit den Umständen zu arrangieren und diese so zu akzeptieren, wie sie sind. Beides nutzt Wut konstruktiv.

Wenn es uns nicht gelingt, einen Zugang zu unserer Wutenergie zu bekommen, verharren wir im Gefühl der Frustration. Das ist nicht nur unangenehm, sondern eröffnet kaum Handlungsmöglichkeiten. Im Zustand der Frustration bleiben wir Opfer der Umstände. Das Nutzen der Wutenergie dagegen verleiht die Autorität, positive Veränderungen herbeizuführen und neue Möglichkeiten zu kreieren. Sich bewusst zu werden, dass es sich bei Frustration tatsächlich um unterdrückte Wut handelt und diese Wut zu fühlen ist der erste Schritt zur Lösung.

> **!** Frustration ist ein Hinweis darauf, dass Sie gerade dabei sind, Ihre wertvolle Wutenergie zu unterdrücken.

3. Vermischte Gefühle

Oft ist der gezielte Einsatz von Wut ein essenzielles Mittel, um Ihre Ziele zu erreichen. Damit Sie diese Energie auch wirklich nutzen können, müssen verschiedene Voraussetzungen gegeben sein. Eine davon ist, dass die Wutenergie in ihrer reinen Form vorhanden ist, unvermischt mit anderen Gefühlen. Was genau bedeutet das? Und wie können wir erkennen, ob diese unvermischte Form vorliegt?

Um die Unterscheidung zu vereinfachen, wird in diesem Buch – angelehnt an das Modell von C. Callahan – von vier Gefühlen bzw. Grund-Energien ausgegangen. Mehr dazu finden Sie im Abschnitt „Energien unterscheiden“, Seite 20. Es können durchaus mehrere Gefühle gleichzeitig vorhanden und nutzbar sein. Liegt eine Mischung von Gefühlsenergien vor, ist die einzelne Energie jedoch nicht nutzbar. Von einer Gefühlsmischung spricht man, wenn zwei oder mehr dieser Energien miteinander vermischt sind.

Für sich genommen stellt jedes der vier Gefühle Wut, Angst, Trauer und Freude eine nutzbare Energie mit vielen konkreten und individuellen Einsatzmöglichkeiten dar.

Betrachten wir die Gefühlsenergien wie Flüssigkeiten, wird deutlich, was mit Vermischung gemeint ist:

Beispielsweise ist sowohl Benzin wie auch Wein für sich gesehen eine nützliche und wertvolle Energie. Benzin eignet sich, um ein Fahrzeug zu bewegen und Wein, um einen gemütlichen Abend mit Freunden zu verbringen. Nutzen wir die Flüssigkeiten nicht entsprechend, erhalten wir unerfreuliche Ergebnisse: Das Auto wird mit Wein nicht fahren. Die Freunde werden die Nasen rümpfen, wenn ihnen Benzin als Getränk angeboten wird.

Vermischen wir beide Flüssigkeiten, erhalten wir eine unbrauchbare Mischung, die nicht verwendbar ist. Nur ein Tropfen Benzin ruiniert den Wein, er wird untrinkbar. Wein als Beimischung im Benzin schädigt den Motor des Autos.

Genauso verhält es sich mit Gefühlen: Vermischt sind Gefühle nicht nutzbringend einsetzbar, die einzelnen Energien stehen nicht zur sinnvollen Verwendung zur Verfügung.

Es ist möglich, mehrere oder auch alle vier Gefühle gleichzeitig zu haben. Nur sollte jedes für sich getrennt und in reiner Form sein, so wie im Beispiel mit Wein und Benzin. Nur pur stehen die Gefühle als brauchbare Energien zur Verfügung.

Grundsätzlich kann jedes der vier Gefühle mit jedem anderen vermischt werden – mit unterschiedlichen Ergebnissen. Da es in diesem Buch um die Wutenergie geht, wird nur auf die Mischungen eingegangen, die mit Wut entstehen.

Gefühlsmischungen mit Wut

- *Wut + Angst = Hysterie oder Panik*
- *Wut + Freude = Schadenfreude oder Häme*
- *Wut + Trauer = Depression*

Dieser Blickwinkel mag zunächst ungewöhnlich erscheinen. Beim näheren Blick auf diese drei Mischergebnisse wird deutlich, dass diese tatsächlich aus jeweils zwei verschiedenen Gefühlen bestehen:

- Mischergebnis Hysterie/Panik
  Wut ist wertvoll, um eine Grenze zu setzen – beispielsweise für ein klares „Stopp!", wenn ein großer Hund laut bellend auf Sie zuläuft. Wenn sich die Wut mit Angst vermischt und diese beiden Gefühle nicht voneinander getrennt werden, entsteht Hysterie oder Panik:

  Das „Stopp" erscheint defensiv und wird den Angreifer womöglich eher noch mehr anstacheln. Gelingt es, Wut und Angst voneinander zu trennen, ist ein deutliches, kraftvolles „Stopp" möglich. Siehe Kapitel Abgrenzung und Konsequenz „Gummi-Geländer", Seite 66.
- Mischergebnis Schadenfreude/Häme
  Nehmen wir das Beispiel, dass Unternehmen A und B um einen Auftrag konkurrieren. Unternehmen A erhält den Zuschlag. Wenn dem Mitanbieter von Unternehmen A nun ein Fehler unterläuft, könnte sich Schadenfreude oder Häme bei Unternehmen B einstellen. Ebenso könnte Freude über den Fehler des anderen, gemischt mit Wut den Auftrag nicht bekommen zu haben, auftreten. In der Vermischung ist weder die Wut noch die Freude nutzbar. Sie hemmt die Handlungsfähigkeit. Sinnvoller ist es, die Wutenergie gezielt einzusetzen. Unternehmen B könnte seine Wut für Klarheit nutzen, die eigene Offerte verbessern und beim nächsten Mal selbst den Auftrag bekommen.

- Mischergebnis Depression
  Depression ist nicht einfach Traurigkeit, sondern ist eine Mischung aus Wut und Trauer. Wenn sich jemand nach dem Tod eines nahestehenden Menschen depressiv fühlt, hindert ihn diese Mischung daran, richtig zu trauern und loszulassen. Gleichzeitig steht die gebundene Wut nicht zur Verfügung. Gelingt die Auflösung der Mischung, so ist dem Trauernden der Abschied von dem geliebten Menschen möglich. Gleichzeitig steht die von der Trauer getrennte Wut in ihrer reinen Form zur Verfügung, um neu zu starten, sich aufzuraffen, weiterzumachen und neue Wege zu gehen.

  Achtung: Nicht jede Depression ist eine Gefühlsmischung. Es gibt medizinische Indikationen, die jedoch in diesem Buch keine Berücksichtigung finden. Inwieweit in diesen Fällen das Trennen von Wut und Trauer dennoch hilfreich ist, liegt in der Entscheidung der Betroffenen.

Wenn wir mehrere Gefühle gleichzeitig fühlen und diese vermischen, dann ist es hilfreich, zu erkennen, welcher Anteil dieser Mischung Wut ist. Dadurch ist es möglich, bewusst auf die Wutenergie zu fokussieren, um diese gezielt einzusetzen.

Gefühlsmischungen führen dazu, dass uns keine nutzbare Energie zur Verfügung steht. Die Fähigkeit, die Gefühle zu differenzieren, versetzt in die Lage, mit den äußeren Umständen adäquat umzugehen. An sich ist dies nur eine kleine Unterscheidung – die jedoch sehr wirkungsvoll ist.

Trennen von vermischten Gefühlen

Um vermischte Gefühle voneinander zu trennen, sind folgende Schritte erforderlich:

1. Bemerken, dass eine Mischung von Gefühlen vorliegt.
2. Die Wut aus der Gefühlsmischung herausziehen.
3. Die Wut nutzen. Durch das Nutzen der Wutenergie steht diese nicht mehr für das Vermischen mit anderen Gefühlen zur Verfügung.

Erwarten Sie nicht, sofort perfekte Ergebnisse zu erzielen. Bleiben Sie am Ball – auch mit einer neu gelernten Sprache bleibt es nicht aus, dass es Missverständnisse gibt und nicht alles auf Anhieb klappt. Wenn Sie die ersten kleineren und größeren Erfolge mit dem Einsatz Ihrer Wutenergie erzielen, zahlt sich Ihr Engagement aus.

> **!** Die differenzierte Wahrnehmung der eigenen Gefühle und das Trennen vermischter Gefühle sind wesentliche Schritte für den konstruktiven Umgang mit Wut.

4. Quantität: Der Einfluss der Menge

Ein weiterer Faktor, der eine wichtige Rolle dabei spielt, ob Wutenergie nutzbar ist, ist die Quantität. Zunächst ist es erforderlich zu erkennen, *ob* Wut vorhanden ist. Der nächste Schritt ist, den Fokus darauf zu richten, *wie viel* Wut im Moment verfügbar, beziehungsweise bewusst zu aktivieren ist.

Für Wutenergie gibt es sehr viele Einsatzmöglichkeiten. Wie viel Wut Sie benötigen ist unterschiedlich und hängt von der jeweiligen Situation ab. Wenn Ihr Kollege Ihnen ein Stück Schokolade anbietet und Sie keine Lust darauf haben, brauchen Sie nur sehr wenig Wutenergie, um das freundliche Angebot abzulehnen. Wenn Sie jedoch gerade auf Diät sind und eigentlich sehr gerne Schokolade essen würden, werden Sie bereits ein wenig mehr Energie benötigen, um sich selbst zu disziplinieren und bei einem freundlichen „Nein, danke" zu bleiben.

Wut ist durchaus messbar. Von 0 %, was bedeutet, dass keine Wut vorhanden ist, bis 100 %, das Maximum an möglicher Wutenergie. 100 % ist ein Niveau, für das es einige Übung braucht. Sowohl, um dieses hohe Energie-Niveau zu halten wie auch, um besonders achtsam damit umzugehen.

Auch hier lohnt es sich wieder zu üben. Legen Sie sich eine innere Messskala für Ihre Wut zu. Je exakter Ihre Messskala „geeicht" ist, desto präziser können Sie Ihren aktuellen Wutstatus einschätzen.

Übung

Machen Sie diese Übung gemeinsam mit einem Partner. Es geht darum, an Hand einer Messskala ein besseres Gespür für die Wutquantität zu bekommen.

Voraussetzung: Bevor Sie beginnen, treffen Sie mit Ihrem Partner die Vereinbarung, dass keiner sich selbst oder den anderen verletzt. Ohne dass beide dieser Vereinbarung zustimmen, sollten Sie diese Übung NICHT durchführen.

Wichtig: Es geht nicht darum, Ihre Wut gegen Ihren Partner zu richten! Behalten Sie Ihre Energie bei sich und spü-

ren Sie diese, ohne die Wut nach außen zu geben. Bleiben Sie mit Ihrem Partner in Kontakt.

Ziel: Die Übung dient dazu, zu spüren, wie sich die unterschiedlichen Niveaus Ihrer Wutenergie anfühlen. Auf diese Weise können Sie Ihre Wahrnehmung schärfen und üben, Ihre Energie sinnvoll und situationsgerecht zu „dosieren".

Vorgehen: Zeichnen Sie eine Linie auf den Boden oder kennzeichnen Sie diese mit einem Seil oder etwas Ähnlichem. Diese Linie dient als eine Art „Wut-Skala". Sie beginnt bei 0 % – überhaupt keine Wut und endet bei 100 % – das Maximum an Wutenergie, das Sie erreichen können. Bringen Sie weitere Markierungen an bei 25 %, 50 % und 75 %.

Beginnen Sie nun mit Ihrem Partner am Anfang, der Linie, bei 0 %. Stellen Sie sich einander gegenüber und schauen Sie sich in die Augen. Bemerken Sie das komplette Fehlen von Wutenergie.

Jetzt begeben Sie sich beide in langsamen Schritten in Richtung 25 % und gehen bis zu dieser Markierung. Dabei fahren Sie beide Ihre Wutenergie langsam auf 25 % hoch. Sehen Sie einander wieder an und bemerken Sie, was sich verändert hat.

Wenn sowohl Sie wie auch Ihr Partner es möchten, gehen Sie erneut in langsamen Schritten bis zur nächsten Markierung, bis 50 %. Wie fühlt es sich an, selbst bei 50 % Wut zu sein? Und wie ist es, einer Person mit einer Ladung von 50 % Wut gegenüber zu stehen?

Tauschen Sie sich hinterher mit Ihrem Partner darüber aus. Wie fühlen sich 10, 20 oder 30 Prozent Wut für Sie an? Wie war es, die Wutenergie Ihres Gegenübers zu spüren?

Bis zu welchem Niveau ist die Energie für Sie noch konstruktiv nutzbar und wo wird es „zu viel"?

Wut ist eine kraftvolle Energie. Wir empfehlen dringend, diese Übung nur bis 50 % durchzuführen. Für ein höheres Wutniveau sollten Sie den geschützten Raum eines professionellen Workshops oder Coachings nutzen.

Je nachdem, was Sie gerade mit Ihrer Wutenergie tun wollen, brauchen Sie eine angemessene Menge an Wut. Wenn Ihr „inneres Messinstrument" gut funktioniert, werden Sie in der Lage sein, innerhalb von Sekunden zu entscheiden, wie viel Wutenergie Sie gerade benötigen – um Ihre Wut dann entsprechend zu reduzieren oder hochzufahren.

Auch in Ihrem Alltag können Sie die Wahrnehmung Ihrer Wutenergie verfeinern, indem Sie immer wieder innehalten und sich fragen, wie viel dieser Energie Sie gerade spüren.

! 0 % Wut ist selten – weil für jede kleine Entscheidung etwas Wutenergie benötigt wird.

5. Gefühl oder Emotion

Ist das nicht das gleiche – Gefühl und Emotion? Im allgemeinen Sprachgebrauch werden beide Worte verwendet, ohne zu unterscheiden. Selbst die Fachliteratur differenziert häufig nicht zwischen den beiden Begriffen. Bislang wurde in diesem Buch ausschließlich auf das *Gefühl* Wut eingegangen.

Das Gefühl und die Emotion werden als das Gleiche empfunden. Es gibt jedoch deutliche Unterschiede, die Sie sich bewusst machen sollten, um die Vorteile der Wut nutzen zu können. Deshalb wird in diesem Buch zwischen Gefühl und Emotion unterschieden.

Kennen Sie „Geladen sein" aus der Vergangenheit, bei bestimmten Gelegenheiten? Reagieren Sie in diesen Situationen möglicherweise immer wieder mit dem gleichen Muster? Und ist das „Gefühl" nicht nach spätestens zwei Minuten wieder verschwunden?

Dann handelt es sich nicht um ein Gefühl, sondern um eine Emotion, ein Muster, das durch frühere Erfahrungen geprägt wurde und durch das aktuelle Geschehen unbewusst wieder aktiviert wird. Es gibt zu der Situation noch etwas zu lösen. Solange dies nicht geschieht, bleibt die „alte Ladung" bestehen.

Nur mit einem Gefühl besteht Handlungsfreiheit. Mit dem Gefühl Wut können Sie entscheiden, wofür Sie Ihre Energie einsetzen wollen. Mit der Emotion Wut ist das nicht möglich.

Das Gefühl Wut

a) Ist pure Energie

b) Ist konstruktiv nutzbar

c) Kann bewusst erzeugt werden, um Grenzen zu setzen, Entscheidungen zu treffen etc.

d) Kann in einer Situation spontan aufflammen

e) Vergeht nach 1-2 Minuten wieder

Die Emotion Wut

a) Ist Energie, hinter der sich eine alte „Ladung“, ein Ereignis aus der Vergangenheit verbirgt

b) Kann nicht konstruktiv genutzt werden

c) Ist nicht bewusst erzeugbar oder steuerbar

d) Kann spontan aufflammen in einer Situation oder bei Gedanken, die mit dem Ereignis in Verbindung gebracht werden, welches zu der alten „Ladung“ geführt hat

e) Hält weit länger an, manchmal Stunden, Tage oder sogar noch länger

Der entscheidende Unterschied zwischen einem Gefühl und einer Emotion liegt darin, dass die Emotion immer mit einer Geschichte aus der Vergangenheit verbunden ist. Der ungelöste Teil der Situation erzeugt die „Ladung“. Wut als Emotion kann über Tage und Wochen – mitunter über Jahre – hinweg andauern. Oftmals ist es schwer, die Ursache dafür aufzudecken. Insbesondere, wenn diese in der frühen Kindheit liegt und keine bewusste Erinnerung daran möglich ist.

Einer *Emotion* fühlt man sich oft ausgeliefert, sie „überrollt“. Um eine Emotion zu lösen ist es notwendig, die Situation aufzudecken, die der alten „Ladung“ zugrunde liegt. Dadurch kann die emotionale Verbindung erfolgreich aufgelöst werden. Dies ist beispielsweise über eine Rückführung mit Gefühlsenergien möglich.

Das *Gefühl* Wut dagegen taucht in einem Moment auf und verschwindet kurz darauf wieder. Es bezieht sich auf die Situation, in der der Mensch sich gerade in diesem Moment befindet oder mit der er sich gerade beschäftigt. Wut als Gefühl kann willentlich erzeugt werden. Es ist eine Energie, mit der – mit etwas Übung – direkt und gezielt gearbeitet werden kann.

Die meisten Menschen sind im Umgang mit Gefühlen und Emotionen ungeübt. Die Unterscheidung zwischen beiden ist unbekannt. Die positiven Seiten der Wut sind unklar und der gezielte und konstruktive Einsatz nur vage oder gar nicht vorstellbar.

Die folgenden Dinge helfen, Wut bewusst und konstruktiv gebrauchen zu können:

- Wut als neutrale Energie akzeptieren
  Die positiven Einsatzmöglichkeiten schätzen und nutzen, zum Beispiel Entscheidungskraft, Klarheit, Abgrenzung (vergleiche „Wut – neue Sichtweise", Seite 13).
- Wut fühlen lernen
  Wie fühlt sich pure Wut für Sie an? Lernen Sie, zu bemerken, ob und wieviel Wut vorhanden ist.
- Wut „hochfahren"
  Wut ist als Gefühlsenergie willentlich erzeugbar. Es ist nicht notwendig, einen Grund zu haben, der wütend werden lässt.
- Gefühl oder Emotion?
  Unterscheiden zwischen Gefühl und Emotion.
  Beobachten Sie und lernen Sie zu unterscheiden.

Der Ursprung der Emotionen

Emotionen kommen aus der Vergangenheit und sind häufig in der Kindheit geprägt worden.

- **Kindheits-Ich:** Der Bereich, in dem Erlebnisse aus der Kindheit gespeichert sind. Prägende Erlebnisse finden meistens in einem Alter statt, in dem Kinder sich sprachlich noch nicht ausdrücken können. Deshalb bestehen die im Kindheits-Ich gespeicherten Reaktionsmuster vor allem aus Gefühlen und Emotionen. Gerät man im späteren Leben in eine ähnliche Situation, wird oft genau dieses Reaktionsmuster wieder aktiviert. Das Kindheits-Ich übernimmt gewissermaßen die Führung.

- **Eltern-Ich:** Der Bereich, in dem wir Denken, Fühlen und Verhalten von anderen übernommen haben. Diese Reaktions- oder Verhaltensweisen betreffen weniger eigenes Erleben als viel mehr Dinge, die man als Kind bei den Eltern oder anderen Bezugspersonen beobachtet hat. Oft werden Verhaltensmuster ungeprüft übernommen und als „eigenes" Verhalten abgespeichert. Auch das geschieht meist sehr früh, wenn Kinder noch gar nicht in der Lage sind, etwas kritisch zu hinterfragen.

Beides sind Bereiche, die im Unterbewusstsein verankert sind und vor allem Reaktionen auf Erlebtes speichern.

Der Ursprung von Emotionen liegt also entweder im Kindheits- oder im Eltern-Ich und ist auf frühkindliches Erleben zurückzuführen. Der Ursprung liegt in der Vergangenheit. Emotionen haben eine alte „Ladung".

> ***Fluchtimpuls***
> *Herr Lose ist in seiner Kindheit vom Hausmeister in den Keller gesperrt worden. Dieser trug einen blauen Arbeitskittel. Als Erwachsener erinnert er sich kaum noch an diesen Vorfall. Dennoch löst eine Person in einem blauen Arbeitskittel bei Herrn Lose unbewusst hilflose Wut, Angstschweiß und einen Fluchtimpuls aus.*

Die Energie der Emotion ist potentiell sehr hoch und meist einschränkend. Sie steht nicht konstruktiv nutzbar zur Verfügung, weil sie unbewusst noch mit der alten Erinnerung verknüpft ist. Emotionen stammen aus der Vergangenheit und werden – meist unbewusst – wieder erlebt.

Gefühle dagegen haben ihren Ursprung in der Gegenwart. Sie kommen aus dem sogenannten Erwachsenen-Ich. Dieser Ausdruck beschreibt den verantwortlichen Teil der Psyche.

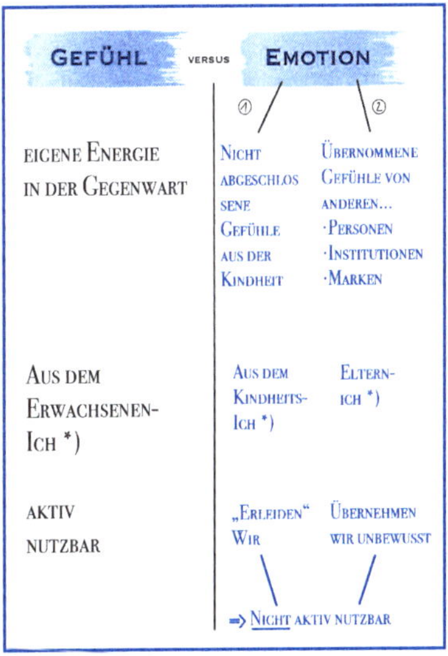

Gegenüberstellung Gefühl versus Emotion

- **Erwachsenen-Ich:** Der Bereich, in dem wir Verantwortung übernehmen, respektvoll sind, sachlich und konstruktiv kommunizieren. Gefühle werden bewusst vom Erwachsenen-Ich genutzt. Es beschafft sich Informationen aktiv in der Gegenwart. Auf diese Weise können Gefühle – anders als Emotionen – konstruktiv genutzt werden.

Der neue Kollege
Emotion Variante A:

- *Frau Thomas gilt in ihrer Arbeitsgruppe als sehr angenehm. Sie ist stets freundlich und erledigt ihre Arbeit pünktlich und zuverlässig. Auch mit ihrem neuen Kollegen Herrn Bergmann kommt sie zunächst gut zurecht. Doch als dieser schon zum zweiten Mal zu spät zum Meeting erscheint, platzt ihr der Kragen und sie fährt ihn scharf an. Im Nachhinein tut es ihr leid, dass es ihr nicht gelungen ist, ihr Anliegen in einem freundlicheren Tonfall vorzubringen. Die Heftigkeit ihrer Wut hatte sie selbst überrascht. Als sie genauer darüber nachdenkt, stellt sie fest, dass das Verhalten ihres Kollegen sie unbewusst an ihren Vater erinnert hat. Dieser kam früher fast immer zu spät, wenn er sie von der Schule abholen sollte, sodass sie oft sehr lange alleine vor dem leeren Gebäude warten musste.*

Emotion Variante B:

- *Herr Horn arbeitet schon lange in der gleichen Abteilung. Als einer seiner Kollegen in Rente geht, wird ein neuer Mitarbeiter eingestellt. Eigentlich ist Herr Horn ein geselliger und zugänglicher Mensch und hat sich auf den neuen Kollegen gefreut. Doch als er ihn sieht, spürt er eine starke Abneigung. Der Mann erinnert ihn an den Nachbarn seiner Eltern, den diese nicht mochten und über den in der Familie oft geschimpft wurde. In den folgenden Wochen geht er dem neuen Kollegen aus dem Weg und behandelt ihn abweisend und kurz angebunden. In einer Besprechung hört er schließlich zufällig, dass dieser neue Kollege, genau wie er, von Skandinavien begeistert ist. Erst da stellt er fest, dass es sich bei dem Kollegen eigentlich um einen sehr sympathischen Menschen handelt.*

Die Beispiele verdeutlichen die alte „Ladung“, die Emotionen haben. Sie haben mit Erinnerungen zu tun, die durchaus auch unbewusst sein können. Haben Sie Verhaltensweisen, die sich immer wieder wiederholen, die nur schwer nachvollziehbar sind und die Sie gerne ablegen würden? Häufig haben diese ihren Ursprung in Erlebnissen, die weit in der Vergangenheit liegen. Dann ist es schwer zu verstehen, warum wir – scheinbar grundlos – immer wieder auf eine bestimmte Art reagieren. Meist lässt sich die Emotion erst durch das Aufdecken und Auseinandersetzen der zugrunde liegenden Situation lösen.

Es gibt unterschiedlich starke Ladungen, die sehr blockierend wirken können. Traumata beispielsweise sind sehr starke Emotionen, die hinderlich für Ihre Ziele, Ihren Umgang mit bestimmten Situationen und mit anderen Menschen sein können, weil sie ungewünschte Verhaltensmuster auslösen.

Die hier genannten Auslöser sind einige Beispiele:

- Das ähnliche Aussehen einer Person
- Ein bestimmter Geruch
- Der Klang eines Musikstückes oder einer vertrauten Stimme
- Der besondere Geschmack einer Speise
- Eine bestimmte Verhaltensweise oder Charaktereigenschaft eines Menschen

Wie die Beispiele zeigen, muss eine Emotion nicht unangenehm sein, sie kann durchaus auch positiv sein.

Emotionen lösen sich kaum von selbst auf. Solange Sie sich nicht mit dem eigentlichen Auslöser einer Emotion befassen, bleibt die Ladung meist bestehen.

> **!** Eine *Emotion* hat eine alte „Ladung“. Ihr Ursprung liegt in der Vergangenheit. Etwas wurde beispielsweise nicht ausgesprochen, gänzlich bereinigt oder geklärt.
>
> Ein *Gefühl* bezieht sich auf den aktuellen Augenblick und hält nur etwa zwei Minuten an. Nur die Energie des Gefühls Wut ist aktiv nutzbar.

Auf den Punkt gebracht

Um Erfolg mit Wut zu haben, sind fünf Schritte für den bewussten Umgang relevant:

1. Absicht
   Vor dem Start einer Aktion oder Unternehmung die eigene Absicht klar festzulegen führt zu bewusstem, wachem Handeln. Das Risiko, sich auf Nebenschauplätzen zu verlieren, wird verringert.
2. Akzeptanz von Wut
   Wutenergie als wertvolle Kraft zu akzeptieren ist der erste Schritt, sie zu fühlen. Sie informiert, dass etwas nicht stimmig ist und eine Veränderung nötig. Mit der Wutenergie können Sie hinterfragen, was Sie selbst ändern können und dies dann umzusetzen.

   Verwirrung und Frustration sind Hinweise auf vorhandene, möglicherweise unbewusste oder unterdrückte Wut. Wenn wir dies aufdecken, können wir diese Wut einsetzen, um Klarheit zu finden, Entscheidungen zu treffen sowie ins Handeln zu kommen. Dadurch löst sich ein Teil oder sogar die gesamte Verwirrung oder

Frustration. Gleichzeitig ist dies ein erster Schritt, das Thema zu lösen.

3. Wut – unvermischt
   Wird Wut mit einem anderen Gefühl vermischt, wird die Wutenergie dadurch unbrauchbar. Es ist notwendig, die Wut zu trennen und sie aus der Vermischung herauszuziehen.
4. Quantität
   Überraschend mag das Quantifizieren der Wut sein, denn für ein gutes Ergebnis braucht es oft nur ein wenig Wutenergie. Für eine klare, feine Grenze, ein freundliches, deutliches „Nein, danke" sind nur wenige Prozent Wut erforderlich.
5. Gefühl oder Emotion?
   Während Gefühl situativ und pure Energie ist, hat Emotion eine nicht nutzbare Ladung aus der Vergangenheit. Lösen wir die Emotion, steht uns die darin gefangene Wutenergie wieder für bedachten Einsatz, gute Lösungen und die gewünschten Erfolge zur Verfügung.

Führungsqualität und Wut

Nachdem wir uns im letzten Kapitel generell mit dem Einsatz von Wutenergie für beruflichen und privaten Erfolg und das Erreichen Ihrer Ziele beschäftigt haben, betrachten wir hier den Zusammenhang zwischen Führungsqualität und Wut. Gerade für Menschen in Führungspositionen ist der konstruktive Umgang mit der Wut wesentlich.

Eine gute Führungskraft ist nicht nur in der Lage, mit der eigenen Wutenergie souverän und lösungsorientiert umzugehen. Idealerweise ist sie darüber hinaus auch geübt darin, das Verhalten anderer zu verstehen. Dies ist gleichermaßen wichtig in Konfliktsituationen und im beruflichen Alltag, beispielsweise um die Fähigkeiten von Mitarbeitern besser einsetzen und diese gezielter fördern zu können.

Auf dem Weg zum konstruktiven Einsatz von Wutenergie durchlaufen wir einen Lernprozess. Um diesen Prozess zu veranschaulichen, ist es nützlich, die Lernspirale nach Albert Bandura heranzuziehen. Diese hilft, Lernprozesse besser zu verstehen und unterstützt besonders Menschen in Führungspositionen darin, sich Wut effektiv zu erschließen.

Ebenfalls betrachtet wird eine Kernqualität guter Führungskräfte: die Durchsetzungskraft. Auch dafür braucht es einen bedachten und konstruktiven Einsatz von Wutenergie.

Die Lernspirale

Wut überhaupt spüren zu lernen fühlt sich möglicherweise ungewohnt an. Hilfreich ist hier, ein grundsätzliches Verständnis zu den Phasen des Lernens zu haben. Besonders eingängig ist hierzu die Lernspirale nach Albert Bandura. Durch das folgende Beispiel werden die Phasen der Lernspirale und des Lernens plastisch verdeutlicht. Wie bei allem, was wir lernen, ist die Anfangsphase besonders herausfordernd. Der Weg bis zu einer Meisterschaft bedarf der Übung.

Lernphasen – von Frustration zu Spaß

Lassen Sie uns gemeinsam einen besonderen Ausflug unternehmen. Fahren wir mit unseren Fahrrädern – so weit, bis wir in ein Land kommen, in dem Fahrräder noch gänzlich unbekannt sind. Zugegeben, das ist unwahrscheinlich in der heutigen Zeit. Lassen Sie uns bitte dennoch davon ausgehen, dass es dieses unglaubliche „radlose" Land gibt, in dem noch niemand ein Fahrrad kennt. Und dass wir sportlich genug sind, es auch auf unseren Drahteseln zu erreichen.

Wenn wir mit unseren Fortbewegungsmitteln in besagter Gegend ankommen, wird die Überraschung wahrscheinlich groß sein. Unsere Fahrräder werden vermutlich bestaunt und genau untersucht werden. Der eine oder andere wird um eine Proberunde auf unseren Vehikeln bitten, die wir gerne gewähren wollen.

Wie ging es den Bewohnern unseres erfundenen Landes, bezogen auf die Fähigkeit des Fahrradfahrens, bevor wir dort ankamen? Sie hatten keine Ahnung, dass es solche Fortbewegungsmittel überhaupt gibt. Somit waren sie sich dieses Unwissens bezüglich des Radfahrens nicht bewusst. Albert Bandura nennt diesen Bereich „die unbewusste Inkompetenz".

Nun unternehmen diese Menschen die ersten Versuche, die Kunst des Fahrens auf zwei Rädern zu meistern. Meist eine vorerst schwierige und gelegentlich schmerzhafte Angelegenheit. Einerseits physisch, durch die mangelnden Fähigkeit, in Balance zu bleiben, ganz zu schweigen von möglichen Stürzen und aufgeschlagenen Knien. Aber auch mental schmerzt es, wenn unsere neuen Freunde erfassen, dass sie etwas nicht beherrschen, obwohl sie es gern können wollen. Möglicherweise empfinden sie es als Blamage. Immerhin sah es recht leicht aus, als wir mit unseren Fahrrädern vorfuhren.

Albert Bandura nennt diesen Bereich seiner Lernspirale den Bereich der „bewussten Inkompetenz" – das schmerzliche Erkennen, dass eine Fähigkeit gewünscht oder gebraucht wird, jedoch (noch) nicht vorhanden ist. Es bedarf der Übung.

Lassen Sie uns bitte noch etwas im „radlosen" Land verweilen. Es ist schön dort, das Wetter ist warm und trocken, es gibt vorzügliches Essen und durch unsere Gastgeber sind wir in freundlicher und angenehmer Gesellschaft. Die Einheimischen nutzen unser Bleiben, um auf unseren Fahrädern weiter zu üben, bis sie die Kunst des Fahrens gelernt haben und sicher beherrschen. Möglicherweise bauen sie sich selbst Fahrräder, so begeistert sind sie davon. Wir können mit unseren neuen Freunden gemeinsame Touren unternehmen und das schöne Land erkunden. Würden die „Radlosen" nach ihren Qualifikationen und Fähigkeiten gefragt, so würden diese sicher als eine der ersten Bega-

bungen mit Stolz das neu erlernte Fahrradfahren nennen. Albert Bandura nennt diesen Bereich seiner Lernspirale die „bewusste Kompetenz".

Denken wir zurück an den Moment, als wir gemeinsam zu unserer Reise aufgebrochen sind. Wären wir zu diesem Zeitpunkt nach unseren Kompetenzen und Fähigkeiten gefragt worden, hätten wir sicherlich einiges aufgezählt. Das Fahrradfahren wäre wahrscheinlich nicht dabei gewesen. Dies schlicht, weil es uns so selbstverständlich ist, dass wir es nicht für erwähnenswert gehalten und nicht daran gedacht hätten. Diesen Bereich nennt Albert Bandura die „Unbewusste Kompetenz".

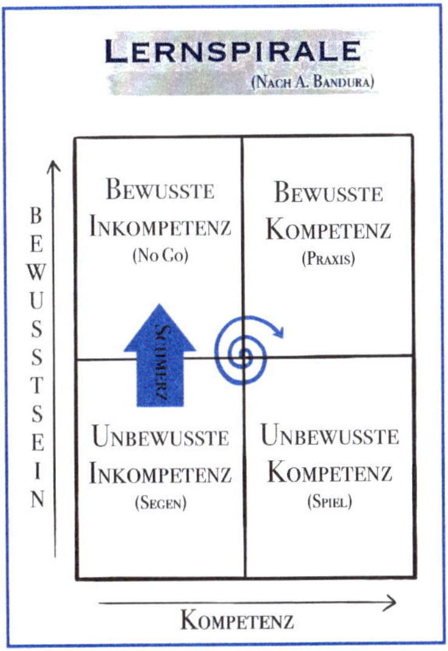

Lernspirale nach *Albert Bandura*

Übung haben im Umgang mit Wut

Die vier Bereiche des Lernens lassen sich auf das Thema Wut übertragen:

Unbewusste Inkompetenz

Wut ist eine Energie, deren Einsatz bewusst erlernbar ist. Solange das unbekannt ist und noch keine Auseinandersetzung mit diesem Thema stattgefunden hat, liegt keine Kompetenz in Bezug auf den Umgang damit vor. Hier gibt es ein Lernfeld, das noch gar nicht ersichtlich ist – der Bereich der „Unbewussten Inkompetenz" in Banduras Lernspirale.

> ***Die Werbekampagne***
> *Herr Martin ist in einem großen PR-Unternehmen für das Entwerfen von Kampagnen zuständig. Gerade arbeitet er an einer Kampagne für einen Autoreifenhersteller, die er am nächsten Tag abgeben muss. Auf einmal hat er jedoch eine gute Idee für ein anderes Projekt. Er lässt die Kampagne liegen, um an dem neuen Einfall zu arbeiten. Erst gegen Abend fällt ihm siedend heiß der Abgabetermin ein. Nur mit etlichen Überstunden bis in die Nacht hinein gelingt es ihm noch, die Kampagne rechtzeitig abzuliefern.*

Herrn Martin fehlt die Selbstdisziplin, um seinen Arbeitstag effizient zu gestalten. Erst als der zeitliche Druck schon sehr hoch ist, stellt er die Kampagne fertig. Sicher kennen Sie solche Verhaltensmuster – entweder von sich selbst oder anderen. Für Führungskräfte ist dieser Punkt wichtig, um Mitarbeiter bei Bedarf dabei zu unterstützen Schwerpunkte zu setzen und das Arbeitspensum zu strukturieren.

Es ist nicht auf den ersten Blick erkennbar, dass dies etwas mit Wut zu tun hat. Um Entscheidungen zu treffen, sich auf etwas zu fokussieren oder Prioritäten zu setzen, braucht es nur ein sehr geringes Maß an Wut. Wenn man sich noch nie mit dem Thema Wut beschäftigt hat, weiß man in der Regel gar nicht, in wie vielen Momenten man seine Wutenergie jeden Tag erfolgreich einsetzt.

Bewusste Inkompetenz

Es hört sich einleuchtend und einfach an, dass Wut eine neutrale Energie ist, die man bewusst nutzen kann. Wie groß das Übungsfeld ist, zeigt sich erst, wenn das Üben beginnt – ähnlich wie beim Fahrradfahren: Nur weil ein Fahrrad vorhanden ist, bedeutet das nicht, dass die Kunst des Radfahrens beherrscht wird. Allein das theoretische Wissen, wie das Fahren funktioniert, genügt nicht. Ebenso ist für das lösungsorientierte Einsetzen von Wut viel Übung dafür notwendig, besonders für Führungskräfte mit ihrer meist großen Verantwortung.

Übung

Rufen Sie sich eine Situation ins Gedächtnis, in der Sie wütend waren. Beispielsweise eine brisante Situation beim Autofahren, wenn sich jemand beim Einkaufen vordrängt, ein ärgerlicher Telefonanruf oder ein Mitarbeiter, der ein wichtiges Projekt nicht vorbereitet hat. Möglicherweise sind Sie immer noch wütend. Rufen Sie sich diese Situation nochmals mit allen Details in Erinnerung. Vielleicht bemerken Sie unmittelbar, dass Ihre Wut erneut aufflammt.

Gehören Sie zu den Menschen, die gar keine Wut fühlen? Es kann hilfreich sein zu beobachten, bei welchen

Gelegenheiten andere Menschen wütend werden. Als Führungskraft ist es wichtig, die eigene Wahrnehmung für Wut zu schärfen. Möglicherweise bemerken Sie, dass eine der Situationen auch Sie wütend machen würde, wenn Sie selbst davon betroffen wären. Wenn ein Kollege beispielsweise ungerechtfertigt gerügt wird oder ein Geschäftspartner seinen Teil der Vereinbarung nicht erfüllt, auch nicht nach wiederholter Erinnerung. Wählen Sie die Situation für sich, die Sie persönlich mit Wut in Verbindung bringen.

Unabhängig davon, wie gut Ihr Zugang zu Ihrer Wut ist, kann es hilfreich sein, Wut zu Beginn zu schauspielern. Es geht in dieser Übung nicht darum, sehr wütend zu sein. Es geht darum, überhaupt zu bemerken, wie sich Wut anfühlt. Ähnlich wie mit dem Fahrrad geht es darum, Erfahrungen zu sammeln – ohne Bewertung, ohne Urteilen.

Bleiben Sie bei der Situation, die für Sie mit Wut zu tun hat. Sagen Sie deutlich „Nein!“.

Experimentieren Sie mit Ihrem „Nein!“, sowohl von der Lautstärke wie auch vom Ton. Sprechen Sie aus dem Bauch heraus, statt aus dem Hals oder der Brust. Wann hat Ihr „Nein!“ am meisten Kraft? Wie fühlt sich Ihr „Nein!“ für Sie selbst an?

Beobachten Sie in der kommenden Woche, wie Ihr „Nein“ ankommt. Ist es scharf und verletzend? Wird es ernst genommen? Kommt es als Frage an? Ist es klar und eindeutig? Freundlich und dennoch bestimmt? Meinen Sie mit Ihrem „Nein“ auch wirklich „Nein“?

Auch hier ist es wieder hilfreich, sich Notizen zu Ihren Erfahrungen zu machen. Dadurch können Sie feststellen, welche Veränderungen und Fortschritte sich im Laufe der Woche einstellen. Darüber hinaus ist es unterstützend, sich mit einer Kollegin oder einem Kollegen Ihres Vertrauens zusammen zu tun. Gemeinsames Üben oder auch professionelles Coaching führt rasch zu dem gewünschten Erfolg.

Bewusste Kompetenz

Wut ist wertvoll, um Klarheit zu schaffen, Grenzen zu setzen, etwas zu beginnen und zu beenden, Entscheidungen zu treffen oder Andere und uns selbst zu schützen – zum Beispiel mit einem klaren „Nein!" oder einer klaren Anweisung an einen Mitarbeiter. Ohne Wut haben wir kein eindeutiges, klares „Nein". Und dadurch auch kein klares „Ja". Lassen Sie das kurz auf sich wirken und überprüfen Sie die Stimmigkeit für sich.

Sie setzen Wutenergie bereits erfolgreich ein, beispielsweise wenn Sie jemandem eine Grenze setzen oder Sie Entscheidungen treffen. Wichtig ist, wahrzunehmen, dass hierfür Wutenergie genutzt wird. Sie können im Bereich der bewussten Kompetenz diese Energie gezielt und für einen positiven Zweck aktivieren.

Als Führungskraft ist es wichtig, mit der eigenen Wut gut umgehen zu können, um sowohl Vorbild zu sein wie auch angemessen zu handeln. Deeskalation von Situationen ist dann gut möglich, wenn es gelingt, das Gegenüber bei seinem Standpunkt abzuholen und Verständnis für dessen Wut aufbringen. Ungeübt wird Wut meist erst bemerkt, wenn die „Ladung“ schon sehr groß ist. Dann ist nur noch schwer damit umzugehen. Wenig Wut wäre hingegen leichter handhabbar. Doch häufig wird die „kleine“ Wut nicht bemerkt, weder bei sich selbst als Führungskraft noch bei den Mitgliedern des Teams oder bei Kollegen.

Übung

Mit Stimmübungen bekommen wir einen noch klareren Zugang zu unserer Wut:

Suchen Sie sich einen ruhigen, ungestörten Ort. Es sollte ein Platz sein, wo Sie laut sein können, ohne andere zu beeinträchtigen.

Üben Sie erneut Ihr „Nein!“. Diesmal jedoch mit mehr Lautstärke. Steigern Sie sich vom Flüstern langsam bis zu sehr lautem Rufen, fast schon Schreien – sofern dies möglich ist an dem Ort, an dem Sie sich für diese Übung gerade befinden.

Achtung: Es genügt nicht, dass Sie sich vorstellen zu schreien! Es macht einen signifikanten Unterschied, ob Sie diese Übung in Gedanken durchspielen oder tatsächlich durchführen.

Wichtig: *Richten Sie Ihre Wut bei diesen Übungen nicht auf andere. Es geht ausschließlich um Stimmübungen, die das Gewahrsein für die eigene Wutenergie steigern.*

Bei dieser Übung geht es darum, wahrzunehmen, wie sich Wut körperlich anfühlt und mit dieser Energie zu experimentieren. Möglicherweise wollen Sie die Übung gelegentlich wiederholen und weiter damit forschen. Es geht nicht darum, Wut zu verstehen, sondern diese Energie physisch wahrzunehmen. Auf diese Weise können Sie

> *Ihren Zugang zu Wutenergie ausbauen für Ihren Erfolg als Führungskraft.*

Diese Übung ist wie eine Fingerübung für Pianisten. Selbst die Meister ihres Faches – oder gerade diese – trainieren regelmäßig, um mit Leichtigkeit auf dem Klavier musizieren zu können.

Unbewusste Kompetenz

Inzwischen verfügen Sie sicherlich über einige Kompetenz in Bezug auf Wut. Allein schon, weil Sie dieses Buch bis hier gelesen haben.

Setzen Sie sich zum Ziel, Ihre Kompetenz weiter auszubauen, so dass sie Ihnen zur Selbstverständlichkeit wird. Ihre Wut wahrzunehmen, und elegant für konstruktive Verhaltensweisen einzusetzen ist erreichbar, wenn Sie Ihre Fähigkeiten weiter trainieren.

Fazit: Wie bei vielen Fähigkeiten macht auch hier Übung den Meister. Das Engagement, sich mit dem Thema Wut und der dahintersteckenden Energie auseinanderzusetzen, lohnt sich.

Mit Übung bauen Sie Ihre Fähigkeiten im Umgang mit Wut aus. Besonders als Führungskraft bauen Sie dadurch Ihr Potential aus.

Der Nutzen von Wut

- *Klarheit schaffen*
- *Grenzen setzen*
- *Entscheiden*
- *Unterscheidungen treffen*

- *Ein entschiedenes, freundliches „Nein"*
- *Ein entschiedenes, freundliches „Ja"*
- *Schützen – sich selbst und andere*
- *Projekte beginnen und beenden*

Die Wut der Anderen

Führungsqualität bedeutet in manchen Situationen, Entscheidungen zu treffen, die für sich selbst oder Andere unangenehm und mitunter herausfordernd sein können. Doch nicht nur im beruflichen Leben gibt es Situationen, in denen wir mit der Wut anderer konfrontiert sind, weil wir – bewusst oder unbewusst – weitreichende Entscheidungen treffen. Ganz egal, ob Sie Ihren Koffer im Zug aus Platzmangel in den Gang gestellt haben und jemand anderes darüber gestolpert ist oder ob Sie in verantwortlicher Position die Entscheidung treffen, jemanden zu entlassen: Im Laufe Ihres Lebens werden Sie immer wieder vor der Aufgabe stehen, einen konstruktiven Umgang mit der Wut der Anderen zu finden. Was gibt es dabei zu beachten?

In einem noch unbewussten Zugang zur eigenen Wut werden wir der Wut des Gegenübers mit den gleichen negativen Glaubenssätzen begegnen, die wir auch zu unserer eigenen Wut verinnerlicht haben. Dadurch wirkt die Wut des Anderen bedrohlich. Je nach Charakter und persönlicher Prägung haben wir vielleicht das Bedürfnis, das Gefühl so schnell wie möglich zu „beseitigen" und die andere Person zu beruhigen. Der Impuls kann groß sein, die gefühlte Bedrohlichkeit für uns selbst zu vermindern, um uns selbst zu schützen.

Das kann soweit führen, dass wir uns entschuldigen und zu allem „Ja“ sagen. Nur damit die andere Person aufhört, wütend zu sein.

Alternativ greifen wir die andere Person an und setzen ihrer Wut unsere eigene Wut entgegen. Das kann so weit gehen, dass wir zurückschreien, wenn wir angeschrien werden und die Situation dadurch eskaliert.

Vielleicht haben Sie selbst schon eine Situation erlebt, in der Sie wütend waren und jemand anderes mit einer dieser typischen Strategien reagiert hat. Im Rückblick wird Ihnen wahrscheinlich bewusst, dass dieses Verhalten für Sie wenig hilfreich war.

Ein bewusster, geübter und reflektierter Zugang zur eigenen Wut eröffnet dagegen ganz neue Möglichkeiten. Wenn Sie wissen, dass Wut eine neutrale und notwendige Energie ist, können Sie auch die Wut der Anderen in einem neuen Licht betrachten. Auch dann, wenn die andere Person ungeübt oder sogar destruktiv mit ihrer Wutenergie umgeht. Denn umso sicherer und gelassener wir die eigene Wut handhaben, umso weniger bedrohlich erscheint die Wut der Anderen. Vergleichbar ist das mit dem Autofahren: Wenn einem Fahranfänger auf der Landstraße ein LKW entgegenkommt, wird er unter Umständen nervös und weicht fast bis in den Straßengraben aus. Wenn wir jedoch später mit den Maßen unseres Fahrzeuges vertraut und uns unseres Könnens als Fahrer bewusst sind, können wir entspannt an dem LKW vorbeifahren.

Ein bekanntes, indianisches Sprichwort sagt: „Urteile nie über einen anderen Menschen, bevor du nicht ein halbes Jahr in seinen Mokassins gelaufen bist.“ Es ist nicht immer möglich, das Verhalten und die Gefühle oder emotionalen Reaktionen eines anderen Menschen zu verstehen. Durch Ihr eigenes Verständnis der Wutenergie wird es Ihnen zunehmend besser gelingen, Andere dort abzuholen, wo sie gerade stehen. Das Gefühl Wut ist in der Regel aus einem guten Grund vorhanden: Weil etwa eine Grenze gesetzt werden, eine Entscheidung getroffen, Klarheit geschaffen oder etwas in Gang gesetzt werden sollte.

> **!** Die Wut eines anderen Menschen hat wenig mit Ihnen persönlich zu tun. Sie ist Ausdruck einer Energie, die konstruktiv eingesetzt werden möchte.

Einem Wutausbruch einer anderen Person zu begegnen, ohne die eigene Mitte zu verlieren, ist ein besonderes Zeichen von Stärke und einem geübten Umgang mit der eigenen Wutenergie.

Dabei geht es nicht darum, nur nach außen hin einen Eindruck von Ruhe zu vermitteln und die eigene Wut zu unterdrücken. Viel mehr informiert die Wutenergie, die aktuell vorhanden ist, dass sie aus wichtigem Grund da ist: Damit Wut konstruktiv und gezielt für eine Veränderung genutzt werden kann.

Durchsetzungsvermögen

Durchsetzungsvermögen ist eine der Qualitäten, die häufig genannt wird, wenn es um die Eigenschaften einer guten Führungskraft geht. Aber was genau bedeutet das? Was zeichnet einen durchsetzungsfähigen Menschen aus? Und wo verläuft die Grenze zwischen Durchsetzungsfähigkeit und Rücksichtslosigkeit?

Wer sich gut durchsetzen kann, ist in der Lage für seine Ziele einzustehen, Verantwortung zu übernehmen, andere zu überzeugen und idealerweise auch mit Kritik oder Konflikten umzugehen. Durchsetzungsvermögen ist eine Eigenschaft, die mehrere Dinge voraussetzt: Einen gesunden Selbstwert, ein klares Ziel – und die Fähigkeit, Wutenergie konstruktiv zu nutzen.

Mit Wutenergie überzeugen

In der Regel erkennt man einen durchsetzungsstarken Menschen an einer aufrechten Haltung und einer klaren, präzisen und sachlichen Sprache. Entgegen häufiger Annahmen ist der durchsetzungsfähigste Mensch nicht immer auch der lauteste. Tatsächlich wäre es eher ein ungünstiger Weg, sich allein mit Lautstärke oder sogar einem cholerischen Verhalten durchsetzen zu wollen. Das mag vielleicht in manchen Situationen funktionieren, wird langfristig jedoch wahrscheinlich nicht zu nachhaltigem Erfolg führen.

Durchsetzungsvermögen zeichnet sich vor allem durch einen souveränen und kontrollierten Einsatz von Wutenergie aus: Sie gibt Klarheit, Fokus und Entscheidungsfähigkeit. Wenn nötig, ermöglicht Wutenergie auch die Wahl einer Alternative. Beispielsweise zum rechten Zeitpunkt einzulenken und sich von einer anderen Sichtweise überzeugen zu lassen.

Wenn Ziele verwirklicht werden sollen, müssen dabei meist Hindernisse überwunden und Herausforderungen bewältigt werden. Damit das gelingt, sollten Sie gerade als Führungskraft wissen, was Sie erreichen wollen. Dafür ist es wichtig,

Klarheit über die bewusste wie auch über die unbewusste Absicht zu haben (siehe Seite 80). Darüber hinaus sind andere Qualitäten einer konstruktiv genutzten Wutenergie hilfreich für das Durchsetzungsvermögen. Ein Beispiel dafür ist die Fähigkeit, Grenzen zu setzen (Kapitel „Abgrenzung und Konsequenz", Seite 63).

Kompromissbereitschaft

Besonders von Führungskräften wird sowohl Durchsetzungsvermögen als auch Kompromissbereitschaft verlangt. Dies sind keine Gegensätze, sondern zwei Seiten der gleichen Medaille. Denn Durchsetzungsvermögen meint gerade nicht, einfach um jeden Preis den eigenen Kopf durchzusetzen. Verbunden mit einer bewusst und zielgerichtet eingesetzten Wutenergie ist auch die Klarheit darüber, worin diese Ziele bestehen. Dadurch weiß eine durchsetzungsstarke Führungskraft, an welchen Punkten sie „Nein" sagt – und an welchen sie auf die Wünsche und Forderungen des Gegenübers eingehen kann.

Auf diese Weise geht Durchsetzungsvermögen einher mit einem konstruktiven Umgang mit Konflikten. Wenn Sie Ihre Absicht kennen, können Sie an weniger relevanten Punkten auch nachgeben. Sich durchzusetzen ist somit kein verwerflicher, rücksichtsloser oder gewaltsamer Akt, sondern einer, der die Mitmenschen einbindet, deren Standpunkte aufgreift und für eine gemeinsame Lösung überzeugen kann.

Das heißt allerdings nicht, dass Sie mit Ihren Entscheidungen immer alle glücklich machen können oder sollten. Denn nicht zuletzt bedeutet Durchsetzungsvermögen auch, die Wut der Anderen aushalten und mit ihr umgehen zu können (siehe Seite 115).

Checkliste für ein gutes Durchsetzungsvermögen

- *Kenne ich meinen eigenen Wert und den Wert meines Anliegens?*
- *Bin ich mir meiner Ziele und Absichten bewusst?*
- *Weiß ich, bei welchen Punkten und Aspekten ich auf keinen Fall nachgeben sollte?*
- *Habe ich gute und durchdachte Argumente für meine Position?*

Abgerundet wird das Thema Durchsetzungsvermögen durch das bemerkenswerte Gespräch zwischen Dan, einem alten Indianer und dem Autor Kent Nerburn aus dem Buch „Nicht Wolf nicht Hund" Beck Verlag:

„Was ist Ihre Gabe, Nerburn?"

Die Frage traf mich aus heiterem Himmel. „Keine Ahnung", stammelte ich.

„Ich werde es Ihnen sagen. Sie sind ehrlich. Sie leben keine großen Lügen. Sie müssen nicht ständig im Mittelpunkt stehen. Sie haben ein offenes Ohr für andere."

Ich starrte ihn an, verblüfft über das Persönlichkeitsbild, das er gerade von mir entworfen hatte.

„Aber Sie sind ein Feigling."

Seine Worte trafen mich wie ein Schlag ins Gesicht. „Sie haben Angst vor dem Zorn anderer. Wenonah hat es mir erzählt. Sie hat gesagt, Sie würden sofort den Schwanz einkneifen, sobald Ihnen jemand die Stirn bietet."

Ein nervöses Lachen entrang sich meiner Kehle. Es war geradezu beängstigend, wie genau er ins Schwarze getroffen hatte.

„Sehen Sie alles so klar?", platzte ich heraus.

„Es hat seinen Grund, dass mein Volk überlebt hat", sagte er. „Ich möchte, dass Sie sich eins vor Augen führen. Es wird Leute geben, die mit dem, was Sie geschrieben haben, nicht einverstanden sind. Die sauer auf Sie sein werden, ebenso wie auf mich. Nur, dass es mir egal ist. Ich bin nämlich kein Feigling."

„Das ist ein hartes Wort", protestierte ich schwach.

„Lassen Sie mich ausreden. Angst bringt Sie nicht weiter. Davon abgesehen gibt es auch einen gesunden Zorn, und ich kann spüren, dass Ihnen ein solcher Zorn innewohnt. Dieser Zorn erwächst aus Scharfblick, und ich verspüre ihn ebenso. Die Alten haben mich davor gewarnt. Man muss lernen, ihn zu beherrschen und für sich zu nutzen. Die Kehrseite ist der schlechte Zorn, der Zorn von Menschen, denen es immer nur darum geht, ihren eigenen Kopf durchzusetzen. Dieser Zorn ist kindisch und selbstsüchtig, und solchem Zorn darf man sich nicht beugen. Wer sich davon in die Knie zwingen lässt, ist ein Feigling. … Lassen Sie sich nicht mehr vom schlechten Zorn anderer ins Bockshorn jagen. Dann werden Sie auch in der Lage sein, Ihre Gaben zu nutzen."

Auf den Punkt gebracht

Als Führungskraft werden hohe Anforderungen an Sie gestellt, die Sie mit gut genutzter Wutenergie leichter bewältigen können:

Die Lernspirale unterstützt und motiviert Sie selbst, Wut noch geübter und lösungsorientierter nutzen zu können. Gleichzeitig können Sie mit diesem Blickwinkel auf den Lernprozess generell Ihre Mitarbeiter unterstützen und motivieren.

Mit der Wut von anderen umgehen zu können, ist in Führungspositionen entscheidend. Die Erfahrung mit der eigenen Wut ist ebenso hilfreich wie das Wissen, dass die Wut anderer meist wenig mit Ihnen persönlich zu tun hat.

Durchsetzungsvermögen, Überzeugungsfähigkeit und Kompromissbereitschaft sind weitere Eigenschaften, die mit Wut zusammenhängen und für eine Führungskraft essentiell sind.

Zorn beherrschen und zu nutzen lernen? Diese Meisterschaft im Umgang mit Wutenergie beschreibt der Auszug aus dem Buch „Nicht Wolf nicht Hund" beeindruckend.

Der springende Punkt

Wutenergie ist vergleichbar mit einem Schwert: Wenn Sie sich nicht bewusst sind, dass Sie ein Schwert an Ihrem Gürtel tragen – sprich Wutenergie haben – können Sie Ihr Schwert, respektive Ihre Wut, nicht bewusst und konstruktiv nutzen. Sie haben Ihre Waffe zwar an Ihrem Gurt, nehmen sie jedoch entweder gar nicht wahr oder benutzen sie nicht. Unter Umständen drehen Sie sich unbewusst um und fegen mit dem Schwert das Porzellan vom Tisch. So richten Sie Schaden an, ohne es zu wollen. Wenn Sie Ihr Schwert dann tatsächlich brauchen, fehlt Ihnen das Gewahrsein dafür, dass Sie eine Waffe haben und Sie sind im Umgang mit ihr nicht geübt. Ohne Übung ist ein Schwert – wie die Wut – wenig hilfreich.

Sind Sie sich hingegen Ihres Schwertes bewusst und ist Ihnen der Umgang damit geläufig, ändert sich vieles: Alleine Ihre Haltung zeigt, dass Sie sich Ihres Schwertes gewahr sind und auch in der Lage wären, damit umzugehen. Dies wird deutlich an Ihrem Auftreten, ohne das Sie das Schwert auch nur zu ziehen brauchen. Der Umgang mit dem Schwert verleiht Schafblick für Situationen und Handlungsmöglichkeiten. Das gleiche gilt für Wut, die durchaus konstruktiv, gewaltlos und lösungsorientiert einsetzbar ist.

Es lohnt sich also, mit Ihrem Schwert – sprich mit Ihrer Wut – noch weiter zu forschen und zu üben, für einen noch sichereren und souveränen Umgang.

Weiterführendes

Wenn Sie intensiver üben möchten oder mehr praktische Umsetzung wünschen, kontaktieren Sie RE*SEPKTRUM*® München für einen Workshop oder für Coaching.

Viel Freude und Achtsamkeit im Umgang mit Wutenergie!

Verzeichnis Zitate

1. Dalai Lama, Konfliktlösung, Seite 42
2. Nerburn, Kent, Nicht Wolf nicht Hund, 2019 Durchsetzungsvermögen – Guter und schlechter Zorn, Seite 120

Literaturverzeichnis

- Krogerus, Mikael, Tschäppeler, Roman, The Decision Book, Zurich, 2008
- Nöllke, Matthias, Psychologie für Führungskräfte, 2. Auflage, München, 2016
- Elder, Glen, Children of the Great Depression, 1999
- Nerburn, Kent, Nicht Wolf nicht Hund, 2019
- Morgan, Marlo, Traumreisende, 2000
- Stangl, Werner, Arbeitsblätter Transaktionsanalyse, 2002
- Harris, Thomas A., Ich bin o.k. Du bist o.k., 1975
- Berne, Eric, Transaktionsanalyse
- Wikipedia zu Disziplin, 2022
- Dunedin-Studie zu Disziplin, Neuseeland, 2011
- www.elementardialog.de/2020/01/15/konfliktmanagement/
- www.clevis.de/ratgeber/konfliktmanagement-im-unternehmen/
- Lippmann, Eric, Konfliktmanagement, 2013
- Callahan, Clinton, Die Kraft des bewussten Fühlens, 2016
- Lippmann, Eric; Steiger, Thomas (Hrsg.): Handbuch angewandte Psychologie für Führungskräfte. Führungskompetenz und Führungswissen. Berlin, Heidelberg: Springer
- Duden, Wut, 2022

- Werner, Emmy und Smith, Ruth, Overcoming the Odds, 1992
- Reivich, Karen und Shatté, Andrew, The Resilience Factor: 7 Keys to Finding Your Inner Strength and Overcoming Life's Hurdles, 2003

Die Autorin

Britta Reichard verfügt über mehr als 15 Jahre intensiver Coachingerfahrung im internationalen Umfeld. Sie ist Dipl. Informatik-Betriebswirtin (VWA), lizenzierter Management Executive Coach (ECA) – Master Competence, Systemische Organisationsberaterin und Professional Scrum Master (PSM).

Für dieses Buch über die Kraft der Wutenergie nutzt sie die Erkenntnisse ihrer langjährigen Praxiserfahrung in Industrie und Wirtschaft als Premium Coach und Workshopleitung, sowie als Geschäftsführerin eines erfolgreichen Unternehmens.

Mit diesem hilfreichen und außergewöhnlichen Leitfaden ermutigt und befähigt sie ihre Leser, Wut anders als üblich zu betrachten und führt Sie mit diesem starken Gefühl leicht zum Erfolg.

Impressum:
Verlag C. H. Beck im Internet: www.beck.de
ISBN Print: 978-3-406-70151-1
ISBN E-Book: 978-3-406-79346-2

Wilhelmstraße 9, 80801 München
Satz: Fotosatz Buck, Kumhausen
Druck und Bindung: Beltz Bad Langensalza GmbH,
Am Fliegerhorst 8, 99947 Bad Langensalza
Umschlaggestaltung: Ralph Zimmermann – Bureau Parapluie
Umschlagbild: © Sergey Nivens – fotolia.de

CO_2 neutral
chbeck.de/nachhaltig

Gedruckt auf säurefreiem, alterungsbeständigem Papier
(hergestellt aus chlorfrei gebleichtem Zellstoff)